Verena von Gagern-Steidle

Die Antwort des Bildes

Vorwort Mein fotografischer Lebenslauf beginnt bei der Erfindung der Fotografie selbst. Solche Zeiten, in denen der Geist der Erfindung die Menschen wie ein Rausch beherrscht, lassen mich als Bewohnerin jener mit Volldampf angesteuerten Zukunft im Rückblick ebenso erstaunen wie die Urheber der betrachteten Erfindung selbst vor ihrem Werk. Das 19. Jahrhundert war so eine Zeit und die Fotografie war eine ihrer berauschendsten Erfindungen. Um mich zurückzuversetzen, muss ich nicht weit laufen. Mein Großvater wurde 53 Jahre nach dem Eklat geboren, den dieses Datum der Patentierung der fotografischen Bildherstellung bedeutete. Er verkörperte noch jenen frühen Liebhaber und Pionier, der keine kontemplative und chemische Mühe scheute, um eine Fotografie entstehen zu lassen. Mein zweites Lebensjahr verbrachte ich in seinem Haus, weil meine Eltern von den Nachkriegsnöten überfordert waren. Die Spur der Wirkung meines Großvaters auf meine Liebe zur Fotografie ist nur die erste der gewählten Ordnungen der Bilderfolge meiner eigenen fotografischen Geschichte von 1971 bis heute.

Im ersten Kapitel werde ich nur dieser folgen und mich von persönlichsten Beziehungen führen lassen um herauszufinden, was denn die Gelegenheiten und Anlässe des Lebens mit den jeweils auftauchenden Fragen der Fotografie zu tun hatten, mit der Fotografie als Medium, als Theorie und als ihre eigene so junge Geschichte. Die fotografische Wirklichkeit der 1970er und 80er Jahre ist für junge Fotografen heute undeutliche Vergangenheit. Trotzdem schwebt ihnen etwas vor, dass es z.B. entscheidende Jahre waren, lebendige und kontroverse. Sie zeigen, dass es sie interessiert. Mitten im Erzählen halte ich dann manchmal inne und bemerke: Ach, da warst du ja noch gar nicht geboren! Was setze ich voraus? Wie kannst du dir das vorstellen? Wenn ich doch weiter erzähle, dann mit einem neuen Elan, Raum zu schaffen, damit das nur von mir Erlebte so lebendig wie möglich in ihrer Gegenwart auftauchen kann. Ein solcher Raum ist von allen Seiten zugänglich und in jeder Öffnung entsteht eine andere Sicht auf die darin aufbewahrte Zeit. Im zweiten Kapitel erzähle ich dann also doch meine fotografische und auch architektonische Geschichte entsprechend jener anderen Ordnung, die sie der linearen Zeit verdankt. 1971–1991. Entscheidende Bewegungen in der Fotografie selbst und ebensolche in meinem Leben öffnen eine weitere und abschließende Perspektive auf die jeweiligen Dringlichkeiten und Betonungen, die das Verhältnis von Fotografie und Leben, Leben und Fotografie prägten. Das dritte Kapitel berichtet immer wieder von neuem von einer ‚Fotografie danach' – 1991–2015.

Die den Text begleitenden kleinen ebenso wie die ganzseitigen Fotografien wurden so ausgewählt, dass jedes Bild durch ein Wort und jedes Wort durch ein Bild belegt werden könnte, obwohl ich immer wieder behauptet haben werde, dass eine gute Fotografie unabhängig von ihrer Legende steht.

Das Foto meines Großvaters 1839–1987

Das Album Die Fotos in dem Album meines Großvaters sind gut erhalten, obwohl der Karton, auf den sie fixiert sind, vergilbt und verfleckt ist. Ihre Erscheinung ist matt und tief. Sie wurden von ihm selbst auf gehaltvollem Silberpapier im eigenen Fotolabor abgezogen. Er war Arzt und entstammte einer Familie von Ingenieuren im Ruhrgebiet. In Sichtweite seines Elternhauses befanden sich die ersten Hochöfen und die Wanderstationen des stetig vordringenden Eisenbahnbaus, obwohl es eigentlich umgeben von altertümlicher Landwirtschaft und Handwerksbetrieben lag. Über diese anschauliche Gleichzeitigkeit von Vergangenheit, Gegenwart und Zukunft konnte mein Großvater so bildhaft erzählen, dass ich meinte, diese übermütige Jahrhundertwende selbst erlebt zu haben. Auch die Fotografie war noch jung als Erfindung und Teil des Aufbruchs. Mit seinem enormen Gedächtnis verkörperte mein Großvater den universal gebildeten Bürger des 19. Jahrhunderts und war mir Autorität und Instanz.

Von meiner Erinnerung an sein Bücherregal weiß ich, dass er fotografische Vorlieben hatte: *Die blauen Bücher, Antlitz des Ruhmes, Die Welt des Lichts, Die Welt im Licht, Im Zauber des Lichts, Die Erfindung der Fotografie* … das waren Bücher, die ich in den Ferien im Hause meiner Großeltern las. Ihre schwarzweißen Bilder schauten mich anders an als die von Geschichten, die man Kindern erzählt, und ich starrte so lange auf sie zurück, wie ich sonst aus Fenstern schaute. Meine Vorstellung von der Welt, von den Landschaften, den Häusern und Menschen, Licht und Schatten, den Gesichtern der Großen und auch von Deutschland als meinem Land wuchs aus diesen Licht-Bildern gerader als aus der dem Kind sonst möglichen Anschauung heraus, nachträglich von dieser untrennbar. Dass einige dieser Bücher kurz vor einem Weltkrieg veröffentlicht worden waren und dass wenige eine Welt nach einem Weltkrieg beschrieben, und dass die Zwischenzeit, der Krieg, fehlte, kam nicht in mein Bewusstsein. Fotogeschichtlich waren diese Bücher nicht alle auf der Höhe der Zeit, auch die Fotografien meines Großvaters, die ich erst entdeckte, als ich schon zehn Jahre lang selber fotografierte, gehörten auf bestimmte Weise in das gerade verlassene Jahrhundert. Als Kind schaute

ich durch die Fenster dieser Bilder über die Brücke einer Sehweise eher als über dargestellte Tatsachen gläubig in den Ausklang des 19. Jahrhunderts, als wäre meine Zeit ausgedehnt bis zur Geburt meines Großvaters, 1892. Als Kind, so erinnere ich mich heute, war ich wie gemacht für die Fotografin, die ich wurde.

Heute weiß ich nicht zu unterscheiden, ob es sich auf diesen Bildern um meine Erinnerungsbilder handelt oder um die seinen, auch nicht, ob nicht vielleicht auch ich sie aufgenommen haben könnte, obwohl ich keine anderen eigenen Erinnerungen habe an das, was sie darstellen, z.B. die Bilder meiner Mutter. Das sind die einzigen Porträts von ihr, die ich kenne, bevor sie meine Mutter wurde, nur scheinbar friedliche Bilder, denn der Krieg hatte ihr schon alle Geschwister und Freunde genommen und den Mann schwer verwundet im Lazarett gehalten. Wenn man mich heute nach dem Wesen meiner Mutter fragte, würden aber diese in mir hochsteigen als die eigentlichen Bilder, die der Erzählung, was aus ihr wurde, den Grundton schenken. In dem Gesicht der jungen Frau lese ich den Entwurf ihrer Schönheit und ihres Lebens, trotz allem noch ungeschützt vor der Erwartung an ein versprochenes Glück, den eigentlichen, warmen, weichen, aufmerksamen Ausgangspunkt eines noch nicht herausgeforderten Charakters. Diese Lesart ist mir erlaubt aus dem zeitlichen Abstand von achtundsechzig Jahren, wissend, was dann kam und obwohl ich die Vorbilder durchschaue, die mein Großvater von dem fotografischen Porträt seiner Zeit, das heißt seiner Vergangenheit in sich trug, und obwohl ich ahne, wie er seine Tochter, meine Mutter, dem entsprechend sehen wollte.

Er fotografierte auch mich von klein auf. So wie man einem männlichen Architekten gerne in die Biographie schreibt, dass er schon in frühester Kindheit auffallend gut mit Bauklötzen gespielt hat, so könnte das Foto meiner Mutter, die das staunende Kind dem Licht der Lampe entgegen hält, schon früh auf eine Neigung zum Licht und seinem Gegenteil hinweisen. Ein anderes Bild aus dem Album, der Brautengel, hilft mir heute zu rekonstruieren, warum ich dreißig Jahre nach der Aufnahme und zwölf Jahre nach der eigenen Hochzeit meine Aufmerksamkeit der Braut, dem fotografischen Klischee schlechthin widmen musste, bis ich dieses selbst zu Ende fotografiert hatte.

Wahrscheinlich hat mein Großvater mich für dieses Foto vor eine Steinmauer gestellt, die irgendwo bei einer Kirche stand, in der irgendeine Hochzeit gefeiert wurde, der ich weiß gekleidetes Mädchen als Engelchen zugeordnet war. Ich weiß nichts mehr davon und bin frei, das Bild an sich zu lesen, das, gedankenlos für das Album gemacht, eine Spur von Weiß in mein weibliches Leben legte, die mich später lange beschäftigte. Im Album des Großvaters unterscheiden sich die persönlichen Fotografien, für die er allein loszog, in Sujet, Darstellung, Größe der Abzüge und deren Qualität deutlich von den Fotos, die er von der Familie machte. Aber auch diese sind bedächtig fotografiert und erzählen, was ihn berührt haben mag, manchmal auch ‚nur' von dem Licht. Die erwähnte weiße Spur, die ich viel später untersuchte, verband sich mit anderen kindlichen Erfahrungen zu der Erkenntnis oder besser Einbildung, dass ich ein weißes Blatt Papier sei, ungeschützt und berührbar und nicht im Besitz von Eigenschaften, die einen Widerstand darstellen könnten, wie ich ihn bei all meinen Altersgenossen wahrnahm. Sie alle schienen mir konkrete Gesichtszüge zu besitzen, die sie unterschied, besondere Merkmale und Eigenarten, ja beschreibbares Verhalten. Manchmal fasste ich mir in der Schulklasse mit beiden Händen ins Gesicht und fühlte nur eine weiße Fläche. Im ersten Schrecken der Erkenntnis erschien mir das wie ein Makel, etwas, das mir fehlte, ein Mangel an Ausrüstung. Viel später lernte ich diesem den Bildern gegenüber als Offenheit oder gar Neutralität zu vertrauen.

Der Saum Die ersten neun Jahre meiner Kindheit lebten wir an einer wegartigen Straße, die am Wald in einen Waldweg mündete. An den Moment, wo sie eintrat, wo der Wald begann, erinnere ich mich deutlicher als an die bebaute Strecke, an der unser Haus lag. Es war eine verbotene Linie, eine unsichtbare Grenze. Allein durften wir Kinder nicht weiter. Die Gefahr war in dem allgegenwärtigen, schemenhaften Bild des ‚bösen Mannes' verkörpert, der in der Nachkriegszeit die Fantasie von Eltern und Kindern anders besetzte als heute. Also hielt ich mich an der Grenze auf, wo die Wiese den Wald berührte. Kühle und Schatten traten dort unter den überhängenden Zweigen heraus. Das Innere des Waldes war nur Geheimnis, solange ich von außen schaudernd hineinschaute und die Grenze wahrte. Wenn wir zu mehreren hineindrangen, Banden bildeten, Räuber und Gendarm spielten, Maikäfer sammelten und sie in durchlöcherten Zigarrenkisten mit Blättern beherbergten und zum Tausch studierten, wurde der Wald zum Abenteuer. Ich war, so erzählte man mir einstimmig, schon bevor mich die Welt geprägt haben konnte, in Wahrnehmungsweise wie Verhalten aus einer auffallenden Mischung aus

Angst und Mut gemacht, die einander zu bedingen schienen. Aus dieser Bedingtheit wuchs dann doch irgendwann in mein Bewusstsein hinein, dass ich vielleicht doch eine Art Eigenart besäße, der ich lernte zu vertrauen. Ausgerechnet meine verbitterte Lateinlehrerin warf mir das Wort, das mich auszumachen schien, wie etwas entgegen, für das ich mich zu schämen hätte: „Die Übersetzung ist gut. Aber ich sage Ihnen, Sie haben kein Wissen, es ist alles die reine Intuition!"

Wo ich jetzt lebe, bin ich in einem großen Kreis von einem Waldsaum umgeben, der den ansteigenden Wald dahinter von Wiesen und Feldern getrennt hält. Dieser Saum ist weniger eine Grenzlinie als eine dünnhäutige Wand, von Holzfällern und Stürmen ständig bedroht und, je nach Perspektive, die Bewirtschaftung der umsäumten Felder bedrohend. Ich selbst muss die Durchforstung anweisen und überwachen, denn der Wald gehört zu dem Hof, den wir seit 25 Jahren bewirtschaften. Stehen Laubbäume in dieser Linie, recken sie ihre Äste gerne horizontal in jeder Höhe dem Licht entgegen, wachsen weit über die Feldfläche hinaus und werfen trockenes Holz auf diese hinab. Für den Nachbarn ist das nichts als ein Ärgernis, für das er den Waldbesitzer verantwortlich macht. Von meinem Zentrum aus gesehen ist der Waldrand ebenso vertraut, zerbrechlich und kostbar wie die Silhouette der Baumspitzen auf der Hanghöhe, da, wo der Wald gegen den Himmel aufhört. Das ist der obere Saum. Morgens im Gegenlicht steht da eine hohe, dunkle Waldmauer, die ihren Schatten weit auf die Wiesen wirft. Selbst dieser Schatten stört den, der von der beschatteten Wiese einen Ertrag erwartet. Er würde den Wald gerne an dieser Linie zurückdrängen, begradigen und von seinem Besitz wegrücken. Um der Sonne auf der Wiese willen. Die Wiese mäht der heutige Bauer drei bis fünf Mal im Jahr, um seine Stallkühe mit frischem Futter zu immer höherer Milchleistung zu bringen, was neben dem maßlos geschlagenen Holz zur einzigen wirklichen Erwerbsquelle gewachsen ist. Seit je verwalten die Menschen ihre Lichtungen verschieden und erleben den Saum als die Grenze, die das Helle vom Dunklen trennt, das Bekannte von dem Unbekannten, eine Sehweise von der anderen.

Als 1986 die Angst nach Tschernobyl noch in der Luft lag, empfand ich plötzlich beim Anblick irgendeines Wegrands mit seinen Unkräutern und Gräsern eine überwältigende Trauer. Genau diesen Saum nicht mehr berühren zu dürfen, wäre ein unvorstellbarer Verlust. Angesichts der Verstrahlung erschien mir ein solcher Wegrand kostbarer als die herrlichsten vorstellbaren Erscheinungen der Natur. Überall auf der Welt haben Wegränder einen ähnlichen Bewuchs, ähnliche Beschaffenheit entlang einer ausgetretenen oder ausgefahrenen Linie, ähnliche Trockenheit, verstaubte Blätter, Kräuterduft. Natürlich hat der Weg selbst als bewegte Linie seine eigene Schönheit. Aber die kindliche Erinnerung meint den Wegsaum. Vergleichbar vertraut ist mir nur der Saum des Waldes.

Wenn ich irgendwo in der Welt aus dem Zug schaue, liegt dieses Vertraute, der Saum zwischen Gleisstrecke und angrenzenden Flächen oder Böschungen immer vor dem, was dahinter neu oder fremd sein könnte. Bis zum Saum der Geraden, auf der ich mich jeweils befinde, bleibt der Blick introvertiert, in dem Raum, den man mit sich führt und um sich hat. Immer scheint der Zug schon in der Kindheit aufgebrochen zu sein und die Augen haften an den gleichen alten, ausgefransten Formen der vorbeifliegenden Masten, Stangen, Drähte, Büsche, den Farben und Lichtern. Die Kräuter am Wegesrand im ausgetretenen Übergang sind dort, wo überhaupt etwas wächst, überall die gleichen.

Schon mit acht Jahren fuhr ich die Strecke von Bonn nach Freiburg, wo meine Großeltern später lebten, allein im Zug, der damals noch von einer Dampflokomotive gezogen wurde, die ihre dunklen Rauchschwaden in die Fenster blies, sobald man sie nur einen Spalt öffnete. Es hieß immer wieder, man solle die Fenster nicht berühren, so schmutzig waren sie. Aber ich glaube, ich klebte die ganze Strecke mit der Nase daran, so beglückt war ich, die Welt auf diese Weise sehen zu dürfen. Dieser Zwischenbereich des Blicks, die Zone zwischen Innen und Außen mit ihrer je eigenen Dauer des Durchblickens hat mich beschäftigt, seit ich fotografiere. Später nannte ich ihn projektbezogen den verschleierten Blick.

Das Foto der Straße Das Album meines Großvaters gibt wenig Anlass sich vorzustellen, dass er sich fotografisch in vergleichbarer Aktualität dem Zeitgeschehen gewidmet hätte, wie es sonst seinen regen und kritischen Geist beschäftigte. Im Fotografieren wandte er sich zurück ins 19. Jahrhundert. Doch gibt es da das Bild einer Straße, das über diese ebenso viel sagt wie über sich selbst als Fotografie, und damit ist es mir die liebste Fotografie in diesem alten fleckigen Album: Es ist die Straße der Stadt meiner Kindheit, Arnsberg, in der ich in den Nachkriegsjahren von 1947–54 lebte. Das Bild muss in derselben Zeit entstanden sein.

Ich weiß nicht mehr, dass diese Pflastersteine einmal unter meinen kleinen Füßen lagen, an den Schnee in dieser Fotografie erinnere ich mich auch nicht, und mein Gedächtnis hat den Straßenraum an sich wie an diese kleine Fotografie delegiert, obwohl wir fast täglich die steile Straße zum Burgberg herauf marschierten oder auf dem Tank der BMW meines Vaters liegend hinauf donnerten. Auf dem Berg

lag das Krankenhaus, in dem meine Eltern als Ärzte arbeiteten. Jedes Mal, wenn ich nachts das Motorrad aufheulen hörte, wusste ich, dass eine Geburt bevorstand. Sonst kannte ich nichts von der Welt außer den Wald mit seinem schimmernden Seerosenteich, an dessen Rand wir lebten, außer ein paar Wegsäume, Unkräuter, rhythmische Zäune, die Holzbrücke zu den Großeltern, den Schatten in deren Garten, Lichtflecken, Salamander und Fliegen, Strahlenbündel und Regenpfützen, und aus der Froschperspektive aus großer, kaum erinnerbarer Ferne Erwachsene und Krankenschwestern. Auch kannte ich eine geheimnisvolle Dimension im Wesen meiner sonst so fröhlichen Großmutter. So unerklärlich wie eine Trübung des Wetters konnte plötzlich eine Wolke über ihr Gesicht ziehen, die alles Lebendige, uns Kindern Zugewandte, mit sich nahm. Da das häufiger als sonst in der Kirche geschah, in einer kühlen, weißen, leeren Kirche, an deren Wand neben dem Ausgang zwischen anderen das Bild ihres im Krieg, also gerade erst gestorbenen Sohnes hing, lernte ich diese Stimmung als Trauer kennen, eine unbekannte Zone, von der ich mich ferngehalten fühlte. Jedes Mehr an Wissen wäre wohl ungeheuerlich bedrohlich gewesen wie der kleine, alltägliche Nachhall des Krieges, der ja wirklich eben erst beendet war.

Darum sehe ich in diesem dunklen Bild der dunklen Straße der kleinen westfälischen Stadt eine Fotografie, der ich glaube, dass es meine Erinnerung sein muss, die sie hat entstehen lassen, denn sie sagt, dass es sonst in mir kein Wissen von der Welt gab. Nichts kündigt sich in diesem leeren Straßenraum an, nicht einmal ein Schild, keinen Hinweis gibt es, geschweige denn ein Schaufenster, eine Werbung, ein Versprechen, ein Signal, eine Beleuchtung, nichts erzählt von etwas über sich selbst hinaus. Ist Morgen, Mittag oder Abend? Das Licht ist so bleiern ungerichtet wie die Töne der Mauern. Wie unendlich viel von der umgebenden Welt und Zeit ist in diesem Bild nicht gewusst.

Zwanzig Jahre später wurde ich eine regelrechte Flaneurin. Das ist die Identität eines der Prototypen der Fotografen, die ihr Glück darin finden, sich gehend und fotografierend zu verlieren. Durchaus bewusst, dass ich mich mit solchen zeitlichen Seitensprüngen auf der Spurensuche der Wirkungen meines Großvaters auf meine fotografischen Ausrichtungen verirren könnte, bewegt sich die Erzählung schon auf das Jahr 1980 zu, das man ein historisches Wendejahr der Fotografie nennen könnte.

Die Lehren der Natur Während eines längeren Aufenthalts in Boston ereignete sich ein Bildprojekt aus nichts als dem Anblick des gemalten Bildes einer Eule am Wegesrand eines Waldlehrpfades irgendwo in den Hügeln hinter Cambridge. Es war ein Regentag, an dem man nicht ausging, um Bilder zu finden. Aber es war Kindergeburtstag. Das Wasser stand in der Luft und ich machte ein paar Schwarzweißfotografien von den Tropfen an den Rändern der Kapuzen vor den Kinderaugen und von dem Schimmer der Folienmäntel, in denen die Kinder wie sich selbst fremd vom Wege abkamen.

An einer Ecke erinnerten ein Pfahl und ein Bildhinweis daran, dass es hier Eulen gab. Ich stand plötzlich überschwemmt von Erinnerungen und Empfindungen still, blieb weit hinter der Familie zurück und ahnte aus Erfahrung, dass sich hier, jetzt, gerade eine Dichtigkeit aufbaute, die nur in einer längeren Auseinandersetzung bildlicher Art enden konnte. Es ging um Information und Präsenz, Wissen und Fühlen, Dokument und Schau, Ordnung und ihr Gegenteil, und ich wusste sofort, es hatte mit meinem Großvater zu tun. In der Woche zuvor hatte mich die Firma Polaroid mäzenhaft mit Bildmaterial ausgestattet.

Dem naiv gemalten, nassen, hölzernen Eulenbild, ebenso wie der Absicht des schon vorgefühlten Projekts schien mir das Sofortbild zu entsprechen, und so entstand das erste Bild aus einer längeren Folge: *Die Lehren der Natur*, gedanklich angelehnt an die von Jorge Luis Borges kommentierten scheinbaren Verkehrungen in einer alten chinesischen Enzyklopädie der Tiere. Die Eule auf der Tafel stand für alle Eulen dieser Welt, die beschrieben wurden und beeindruckte mich viel mehr als die echte Eule im Käfig, auf die wir später auf dem Lehrpfad stießen. Mein Interesse an der wissenschaftlichen Darstellung für den kindlichen Blick wurde geweckt und führte mich in den kommenden Jahren in die Naturmuseen vieler Länder. Was hatte diese Neugier mit meinem Großvater zu tun?

Auf unseren vielen gemeinsamen Wanderungen reichten seine mit Pathos deklamierten Belehrungen von der Astronomie über die Dichtung bis zur Botanik des Veilchens am Wegesrand, das gerade mein Entzücken erregte. Irgendwie liebte ich diese Ahnung davon, was Wissen wäre, aber ich konnte in meiner Reaktion darauf nicht anders als den Grundstein dafür legen, dass Wissen dieser Art nie meines werden sollte. Mit dem aufmerksamen und verständigen Teil meines gehorsamen Wesens hörte ich ihm zu, stellte auch kluge Fragen, und wusste doch, dass dieser Stoff mich aus dem anderen Ohr gleich wieder verlassen würde, nicht weil ich schon ein Phänomen wie Vergesslichkeit kannte, sondern weil ich zugleich einem anderen Eindruck verfallen war: dem, was ich gleichzeitig sah und fühlte. Wissen, Zahlen, Fakten, Vorgänge, Abläufe, Daten und Geschichten – wie konnte ich sie halten, wenn die Augen zu beschäftigt waren, Träume von innen und Bilder von außen zu überlagern.

Was mit meinem Großvater so liebevoll ablief, dass ich immer noch die Option behielt, mir vorzumachen, die Mathematik sei eigentlich mein Lieblingsfach, wenn ich es nur auf ihre Philosophie beschränken dürfte, wurde in der Schule Alptraumstoff.

Vor dieser kleinen Holztafel, die auf eine Eule hinwies, eine Eule musste es natürlich sein, kam dieses kindliche Erleben des Widerspruchs zwischen dem Erklärbaren und dem Erfahrbaren zurück und übersetzte sich augenblicklich in eine neue Neugier: Warum kann Poesie entstehen, wenn eine Eule ihr Hinweisschild oder z.B. eine Pflanze ihr Namensschild mit all den Zuordnungen erhält, die das Wissen für sie hat – dieses kleine präzise Schild, in die Erde ihr zur Seite gesteckt?

Liegt das Potenzial des Poetischen als Wahrnehmungsweise der Beziehungen zwischen der Bezeichnung und dem Bezeichneten, wenn ein Dritter im Bunde zuschaut? Füllt der ausgewählte Gegenstand die vereinzelten Worte, die ihn bezeichnen und ausweisen sollen, mit seiner Präsenz so sehr auf, dass sie so nahe bei ihm stehend seine Fülle übernehmen und gemeinsam ein kleines Geheimnis der Sprache teilen?

Nach den Museumsbesuchen notierte ich solche jeweils zugehörigen wissenschaftlichen Bezeichnungen unter die Polaroids, die mir wie entwundenes Gut erschienen. So entstand eine neue Ordnung, die ich den Bildern der Wissenschaft gönnte, als wären sie ausgehungert oder einfach chronisch übersehen worden. Ich mischte die Karten, ordnete sie neu nur nach der Bezogenheit, die ich zwischen den Bildern sah, versah jede trotzdem mit ihrem feierlichen Titel und klebte sie in Archivhüllen auf karierte DIN-A3-Blätter. Diese wiederum erhielten in oberster Zeile eine alphabetisch geordnete Stichwortfolge der Titel, die miteinander außer ihrem Anfangsbuchstaben gar nichts zu tun hatten. In unterster Zeile war der mächtige Ort angegeben, von dem die Bilder (plus Titel) gestohlen waren, z.B. Musée de la Science, Paris.

Ein Museum für Kinder ist eine amerikanische Erfindung, die sich mehr als das naturwissenschaftliche Museum um die Weisen der Darstellung bemüht, die dem Kind entsprechen. Wissen ist als handhabbar, begreifbar, bewegbar aufgestellt, und Tafeln und Schaukästen sind in sich von kindlicher Anschaulichkeit und in dieser Vereinfachung oft absichtslos eindringlich. Was bewegt einen wissenschaftlichen Zeichner, es so und nicht anders darzustellen? Ich war fasziniert und manchmal auch erschreckt davon, wie die Vorgänge der Natur in den Naturmuseen des Westens den Menschen, vor allem den Kindern, gelehrt werden. Wenn ich in eine große Stadt kam, besuchte ich vor allen anderen solche Museen. Dort fand ich geballte Wirklichkeit gemäß der Ordnung der jeweiligen Kultur. Genau dieser Eindruck ist unwirklich, ja oft surreal. Eh man sich versieht steht man im großen Saal des Pariser Musée de l'Homme in einer 1:1-Teilreproduktion eines Kernkraftwerks. Der Museumsdirektor stellt es stolz als den allgemein unbezweifelten Höhepunkt der technologischen Entwicklung vor. An den sonst so beschrifteten Wänden auch kein Fragezeichen, kein Hinweis auf ein Argument dagegen oder gar auf eine Alternative. Heute, nach dreißig Jahren, wird es doch auch dort schon eine Abteilung für Alternativtechnologie geben!

Das ‚Haus der Natur' in Salzburg besuchte ich kurz vor einem Umbau, der einem Neuanfang gleichkam. Nach seiner Gründung 1924 war das Haus über 60 Jahre in den Händen von nur zwei Museumsleitern gewesen. Diese Kontinuität machte das Museum zu einem Museum seiner selbst, in dem das Wissen um den Menschen, das Tier, die Natur und die Gesellschaft nach Maßstäben des damaligen Zeitgeists geordnet lag. Die Arglosigkeit der Darstellung verheimlichte nicht die mehr oder weniger subtile Ideologie der Didaktik.

Auch solche Fragen führten mich damals dazu, mit Bildern dieser Bilderwelten zu begegnen. Die Polaroid-Bildkarten dienten der Absicht, den vielen Bildebenen noch eine hinzuzufügen, und diese wie ein Abziehbild als Original hinaustragen zu können. Ihre objekthafte Farbigkeit und ihr banaler sozialer Gebrauch entsprachen der plakativen Ästhetik der musealen Gestaltung. So entstand ein eigenes kleines privates Museum. Mit den Bildchen trug ich auch die offiziellen wissenschaftlichen Titel und Beschriftungen aus dem Haus und ordnete diese später den Bildern neu zu und die Bilder selbst neu zueinander, sodass die herrschende Museumsordnung und alles Faktische und seine Zusammenhänge in Frage gestellt wurden. Die neue spielerisch-ästhetische Bildordnung ergab eine Studie über ideologische, magische und surreale Erscheinungen unter der Oberfläche populärwissenschaftlicher Didaktik musealer Institutionen. Hommage an meinen Großvater. Vierzig solcher Blätter landeten in einem Kasten, auf dem der eigentliche Titel stand: „Die Lehren der Natur, alphabetisch geordnet und durch Assoziation verbunden …"

Aus einer unbekannten chinesischen Enzyklopädie, mit dem Titel:
"Himmlischer Warenschatz wohltätiger Erkenntnisse"
die Ordnung der Tiere:
(A) die dem Kaiser gehören (B) einbalsamierte Tiere
(C) gezähmte (D) Milchschweine (E) Sirenen (F) Fabeltiere (G) herrenlose Hunde
(H) in diese Gruppe gehörige (J) die sich wie Tolle gebärden (K) die mit einem ganz feinen Pinsel aus Kamelhaar gezeichnet sind (L) und so weiter (M) die den Wasserkrug zerbrochen haben (N) die von weitem wie Fliegen aussehen ...

(aus J. L. Borges: "Das Eine und die Vielen", Kap. Die analytische Sprache ...)

"Die Lehren der Natur"

In museealen Orten gefundene Bilder
und ihre alphabetisch geordneten
wissenschaftlichen Beschriftungen
durch Assoziation verbunden

Orte: Musée de la Nature, Paris; Musée Grévin, Paris; Museum of Natural History, New York; Botanischer Garten, Berlin; Musée de l'Homme, Paris; Deutsches Museum, München; Palais de la Découverte, Paris; The Children's Museum, Boston; Haus der Natur, Salzburg; Botanisches Museum, Berlin; Musée de l'Enfant, Paris; The Ideal Farm, USA, Mass; Schottisches Schulhaus.

Verena von Gagern, München, 1983

G-

Geburtshilfe

Pelikanfütterung

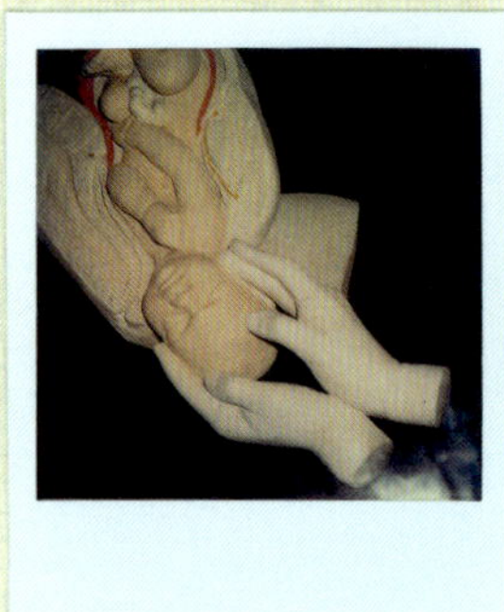

Museum of Natural History, N.Y.

Geburtshilfe für den Menschen

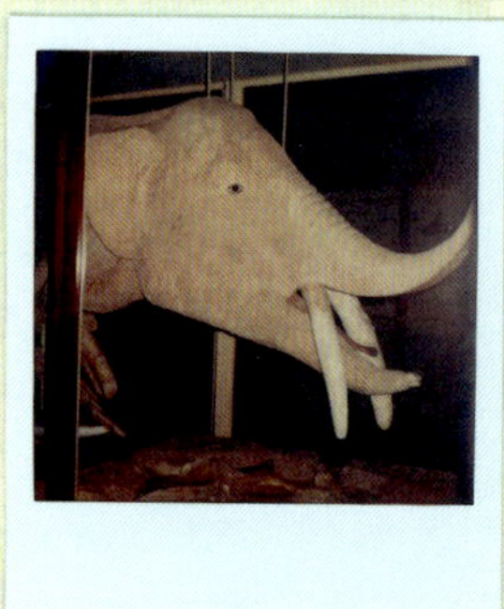

"Ocalientinus Ojaliensis" im späten Tertiär

E – Entzündung, Erdbeere … gibar, Exotik

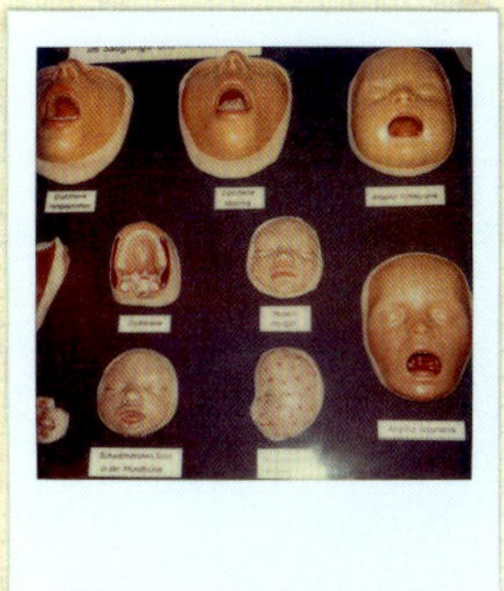

Krankheiten im Säuglings- und Kindesalter

Formänderungen des menschlichen Schädels

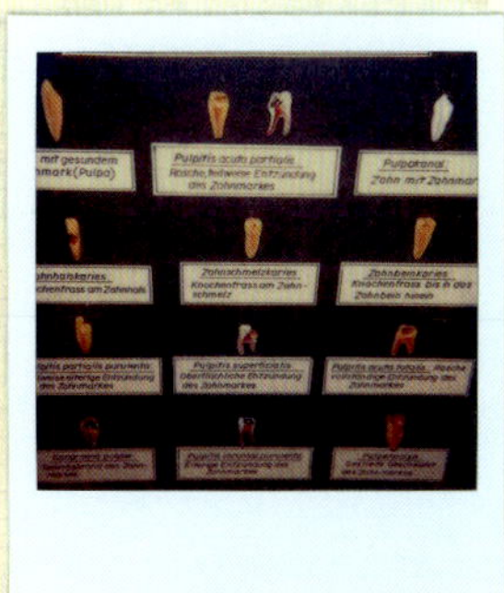

Zahnbein- und Zahnmark Entzündungen

Vergleich des Knochenbaus zwischen Menschen u. Menschenaffen

Formwechsel des menschlichen Schädels

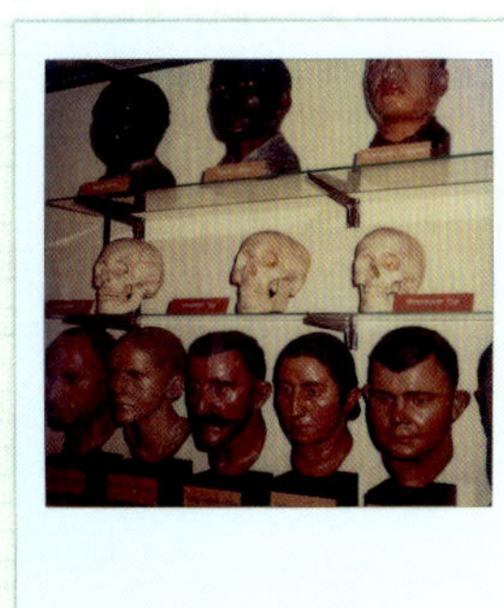

Rassentypen

Haus d. Natur Salzburg

Alchimia Jahre später wiederum geriet das Archiv solcher und ähnlicher Polaroids, dieser kleinen Originale, dieser ‚einzigen' fotografischen Originale, unter eine Schicht von Gold. Acht Jahre nach jener Zeit, als die Firma Polaroid Fotografen noch zu subventionieren pflegte, öffnete ich die alten Kästen, das Archiv der kleinen Bildkarten, und begrub jede einzelne unter Blattgold, um das einzige wirklich fotografische Original als Bild unwiderruflich verschwinden zu lassen, aber als Objekt kostbarer als je zu machen.

Es lag natürlich die Konsequenz aus anderen fotografischen Gedanken dahinter, dass Polaroids etwas ausbaden sollten, was das fotografische Bild an sich betraf, indem sie dafür herhielten, einen gewaltsam entscheidenden Schritt zu tun, diesen Vorgang des Verschwinden-Machens zu tragen und zu präsentieren. Das Polaroid ist seit der Erfindung der Umkehrprozesse das einzige positive fotografische Original außer den Fotogrammen und ihren Verwandten. Gleichzeitig wurde es als der banalste unter den Bildträgern angesehen und gepriesen. Sein kleines Bild erschien auf einem unberechenbaren, weichen, geschichteten Farbkissen, das den Dingen eine unnatürliche, eigenartig altmodische Färbung gab. Umgeben und gehalten war es von einem weißen Plastikrähmchen, das man nur mit haltbarer Tinte beschriften konnte. Möglichkeiten, dem mechanischen, chemischen und optischen Ablauf der Bildentstehung etwas hinzuzufügen, gab es kaum. Dafür schenkte es diese schnelle, prompte Ansichtigkeit, die nicht nur das Belegen und Überprüfen einer Idee ermöglichte, sondern sofort inspirierte, das Thema zu variieren und in linearen oder flächigen Bildserien zu denken. Das Polaroid war eher ein Baustein und von dem zarten Barytabzug in jeder Weise unterschieden. Genau seine Mischung aus Errungenschaften und Defiziten machte die Anziehung und Mitteilungsart dieser kleinen Bildkarten aus.

1985, ein Jahr nach Beendigung jenes Brautprojekts, das die ‚weiße Spur' unter wechselnden Arbeitstiteln verfolgt hatte, wie: *Das Brautgefühl, Der verschleierte Blick, Das Bild der Braut, Die sprachlose Frau, Die meistfotografierte Frau, Die weiße Frau* – nach der Farbe Weiß also – tauchte die Farbe Gold oder besser: das Material Gold auf. Wenn etwas auftaucht aus dem schier unendlichen Feld an Phänomenen, nach denen man sich fotografisch umschauen könnte, wenn etwas auftaucht als eine Frage, vielleicht anfänglich nicht mehr als das oder als ein Wort, das sich mit einer Dringlichkeit ausbreitet, so dass es schon herrscht, bevor man sich dazu entscheiden und sogar bevor man sich irgendeiner Ausrichtung darauf zu bewusst werden konnte, und bevor es überhaupt verständlich ist, dann, so sagt die langsam sich wiederholende Erfahrung, wird es regieren, bis es wieder in diesem Feld versinkt und einem weiteren solchen Auftauchen Signal zu geben scheint. Nicht einmal die Dauer einer Bearbeitungsphase hat man in der Hand. Projekte, die Jahre besetzten, hatten diese Art, aus einer unentwirrbaren und unentrinnbaren Mischung von persönlichen und allgemeinen Anlässen und Aufhängern zu entstehen, zu verbleiben und leise zu verschwinden.

Was hatte Gold, dieses Wort, diese Frage, dieses Material, mit Fotografie zu tun? Der historische Goldrausch im amerikanischen Westen und die Erfindung der Fotografie ereigneten sich zur gleichen Zeit.

Schon 1985 gab es die ersten Anzeichen, dass die Fotografie als chemische zu verschwinden hatte. Erst in Visionen, dann in Analysen, dann physisch als Material aus der Ladenecke. Dann aus der Theorie. Ich betrachtete das wie die Zuschauerin eines Dramas. Wie unter dem Druck der Zeit versuchte ich zu verstehen, worin der Wert und das Wesen dessen, das verschwand, bestand. Die Zeit der Erfindung der Fotografie kam mir so nah, dass ich selber einem gewissen Goldrausch verfiel und behauptete, die analoge Fotografie könne nicht sterben, da sie alchemistischer Natur sei, während das digital Fotografierte mir sterblich und unwirklich, da licht-, raum- und zeitlos schiene. Je mehr ich in Reaktion auf die damaligen digitalen Ankündigungen und Beschwörungen den Lichtcharakter der Fotografie und ihre innere Räumlichkeit betonte, umso unvermeidlicher materialisierte sich dieses Licht im Bildzusammenhang zu Gold.

Die Geschichte der Alchimie lehrte mich, wie weit diese ganzheitliche Weltbetrachtung aus dem 1. Jahrhundert in die Erforschung der chemischen Grundlagen der fotografischen Bildfixierung des 18./19. Jahrhunderts hineinragte. Sie lehrte mich auch größte Vorsicht im Umgang mit dem Zitat nicht mehr gelebter Symbole, magischer Zeichen und ihrer Bedeutungen. Umso entschiedener nahm ich dem Gold die Funktion, erzählender Teil des Bildes zu sein, legte es stattdessen als materielle Schicht über die Erzählung des Fotos selbst, um diese zum Verschwinden zu bringen. Wie um jenes angekündigte Ereignis, das Ende der Fotografie, vorwegzunehmen, es damit zu bannen und ihm nicht zu erlauben, mir einen Verlust zu bedeuten. Blattgold tat diese Arbeit gemäß meinen handwerklich unkundigen Anweisungen. Damit die Zerstörung endgültig sei und sich das erzählende Foto nicht in einer möglichen Reproduktion wieder erschüfe, wählte ich Polaroids als Originale. Das Polaroid-Archiv hinter dem Projekt *Die Lehren der Natur* und anderes geriet so unter Gold, nur der Titel des ursprünglichen Zusammenhangs blieb als neuer, nun noch unerklärlicherer Bildtitel. Wenn ich heute einen Raum betrete, an dessen Wänden diese Bilder hängen, ist es, als führten sie meine Augen wie durch kleine Fenster wieder heraus. Sie besitzen eine Präsenz, die unabhängig davon erscheint, ob sie als Bilder wahrgenommen und ‚gelesen' werden, sie sind vielmehr Teil des Raumes und fehlen diesem, wenn sie daraus entfernt werden.

ALCHIMIA

III – 1980 – Die Lehren der Natur

XII – 1983 – Selbstporträts

So lag damals, 1989, dieses gerade erst 150 Jahre zuvor erfundene Medium und sein chemisches Geheimnis unübersehbar wie zum Abschied vor mir, als sei es nun wirklich zu Ende erfunden. Wenn die Fotografien in sich selbst verschwinden wollten und von mir aus verschwinden sollten, so fragte ich mich nun, woraus sie denn bestünden, in dem sie vergehen könnten.

Nach dem verlorenen Licht (= Gold) tauchte das Silber auf, Silber als Gehalt der fotografischen Emulsion, als Salz der Entwicklung und Fixierung und auch als Schimmer des Lichtes, das von außen seitlich auf die Oberfläche des Bildes fällt. So begann ich Bilder mit Silber zu beschichten. Statt der kleinen profanen Polaroids wählte ich 70 × 90 cm große Polaroid-Selbstporträts, die acht Jahre vorher in der seltenen und begehrten Polaroid-eigenen, hölzernen Riesenkamera, einer von dreien in der Welt, auf Einladung der Firma in Frankfurt entstanden waren. Nun hatte ich wirklich etwas zu beschichten, das ein gewisses Bedauern hervorrufen könnte, wenn es unwiederbringlich verschwände: prächtige Abzüge, das Korn feiner als das Auge sehen kann, eigentlich ja Kontaktabzüge als Originale im Maßstab 1:1, vom dem ‚Selbst' des Porträts einmal abgesehen. Die Art und Weise, wie das Silber auf die fotografische Schicht zu liegen kommen sollte, hielt mich so im Bann, dass es kein Bedauern für das darunterliegende Vergangene und dann Verlorene gab. Plötzlich waren es eher malerische Entscheidungen für das Zustandekommen von Oberflächen. Das Beschichten verlief alles andere als mechanisch. Auch hatte das Ausgangsbild doch eine Mitsprache. Es gab einen Ton an, dem die Hände folgten, insofern verschwand es nicht wirklich, und ich fühle es noch durch das Silber hindurch.

Das benutzte Blattsilber war nur z.T. echt, sodass manche beschichteten Bilder sogar in ihrer Silberschicht vergingen. Inzwischen ist das unechte Silber kupferfarben. Es ist Zeit, diesen Prozess des Oxydierens zu beenden und zu fixieren um eines Restes von Sichtbarkeit willen. Damals bildete ich mir während des Versilberns ein, dass ich nun male und zeichne anstatt zu fotografieren, wie um dieses digitale Thema endlich abschließen zu können. Es entstanden auch übergroße farbige Bilder. Erst ein Jahr später wurde mir das, was ich tat, als ein unverantwortlicher Übergriff bewusst. Schusterin, bleib bei deinem Leisten, mahnte ich mich selbst und verbeugte mich vor der ungeheuer alten Geschichte der Malerei, an der kein zeitgenössischer Maler unreflektiert vorbeischauen kann. Ich sah das große Studium, das mir fehlte, um mich in diese Entwicklung einzumischen und meinen Punkt darin zu finden zu wagen.

Stattdessen trug ich die versilberten Fotografien wieder hinaus in die Welt, wo sie als Spiegel und Echo dienten, um die Gegenstände wie über eine Brücke zu betrachten. So konnte eine Fotografie plötzlich einen langen Titel bekommen: *Sonnenblume vor Silberschicht über Polaroid als Selbstportrait*.

Fotografie Fotografie zu nennen war nie selbstverständlich. Bis 1850 wurden unterschiedliche Begriffe für das Verfahren, für sein Produkt, für das Bedienen der Kamera wie für den Ausführenden gewählt. Niecephore Niepce selbst sprach von ‚peindre', wenn er fotografieren meinte und vom fotografischen Bild als dem ‚dessin', ‚tableau' oder ‚image'. Mit ihrer Veröffentlichung als Erfindung begann die Unsicherheit über die theoretische Zuordnung des Verfahrens in der Bilderwelt. Diese Unsicherheit begleitet alle seine Entwicklungen bis heute.

Erinnerung Wenn ich an Entwicklungen in der Fotografie denke, sehe ich eine gegenläufige Spirale: Nach unten kreist die Fotografie als die Erinnerung an die Erinnerung … nach oben kreist sie als eine beständig neu zu Erfindende … Ursprung und Gegenwart sind verbunden in dem unaufhörlich sprudelnden Austausch einer Wellenbewegung, die von der Erinnerung in die Erfindung und von der Erfindung in die Erinnerung gleitet. Es ist darum schwer, ihr eine einfache Gegenwart zu geben, da der Zeitraum ihrer Erfindung mitschwingt, wenn sie bedacht oder betrachtet wird. Auf vielschichtige Weise wird eine Fotografie immer als Erinnerte wirklich. Man kann sagen, die der Fotografie entsprechende Wahrnehmungsweise ist die der Erinnerung, als befreite wie als begrenzte.

Als ich mich 1977 der Fotografie schon für ein paar Jahre ganz zugewandt hatte, entdeckte ich das Büchlein *Zen oder die Kunst des Bogenschießens*, dessen Pfeil mir geradewegs ins Schwarze der fotografischen Linse zu treffen schien. Der Zustand des Bogenschützen, der nach jahrelangen, entmutigenden Vorübungen wie Tellerwaschen und Fegen mit dem gelungenen Schuss beschenkt wird, weil er jegliche Absicht und Bewertung seines Tuns hinter sich gelassen hat – weil er nicht mehr unterscheidet zwischen Schütze und Ziel und in höchster Entspannung es dem Pfeil überlässt, wann und wie er vom Bogen schnellt –, diese Beschreibung erinnerte mich an das, was mir als Erfahrung beim Fotografieren kostbar geworden war. Ich hatte beobachtet und ersehnen gelernt, dass sich nach langem Fotografieren in mir ein neutraler, nicht beurteilender, nicht bewertender, nichts ablehnender, vorbehaltloser Zustand ergab, der einerseits fragil und sehr zu schützen war und andererseits mich dem Sehen öffnete, als ginge es von meinem ganzen Körper und dem Herzen aus und nicht eigentlich von den Augen. Zu fotografieren fühlte sich an wie zu tanzen.

Scheinbar im Gegensatz dazu wurde mir bewusst, dass Sehen dieser Art ein Wiedersehen ist, Erkennen ein Wiedererkennen, und dass ein Erinnern aufgerufen wird, das sich nicht auf geschichtlich Vergangenes, sondern auf Gleichzeitigkeit oder Zeitlosigkeit bezieht. In der Begegnung von Ahnung und Erinnerung ist der Blick frei für eine geräumige Gegenwart.

Im Gegensatz dazu wirkt eine begrenzende Erinnerung akut, wenn Erinnerungen aus gemachten Erfahrungen, Freud oder Leid, stammen. Dann ordnet sich die gegenwärtige Begegnung diesen unter und in sie ein und reagiert entsprechend durch die Tat der Wahl, die darin besteht, diese anzunehmen oder abzulehnen. In diesem Fall erschafft die Erinnerung an Vergangenes als positive oder negative Prägung Vorbehalte gegen Gegenwärtiges und erschafft sich jeweils neu. Sehen und Bewerten sind eins geworden. Die Brille ist dann eine Schablone. Auch die Kamera als Sehwerkzeug kann als Schablone dienen und das Dokument eines Klischees statt der Wirklichkeit eines Bildes erzeugen. Dies ist die Wirkung der Erinnerung als begrenzte.

Erfinden der Erfindung Die Vergegenwärtigung der Erfindung ermöglicht ‚das Erfinden' als nicht abgeschlossene Aktivität zu betrachten, die unter Umständen alle Entwicklungen unverändert umweht, sei es die Entwicklung des jeweiligen Zeitgeistes und der Technik ebenso wie die der Verfassung des Fotografen und des Bildes selbst. Im Bild selbst taucht Erfindung in Erinnerung an die Erfindung der Fotografie auf, wenn der Weg von der gefundenen Realität zur erfundenen Bildwirklichkeit rätselhaft bleibt, unbekannt, schwebend, eigenwillig. Wenn er verwandelt, erschafft, erinnert, d.h. solange, wie das Bild mit dem Finden verbunden bleibt. Ein vollkommen inszeniertes Bild als Fotografie – wer hat den Zufall je ganz ausschließen können – ließe mich vergessen, was vor der Fantasie des Fotografen war, was da vorlag, als jemand reagierte, was gegeben war und sich anbot, ‚abgelichtet' zu werden, was los war, als es erwählt wurde, wie es aussah, als jemand Halt machte, wie es sich verdichtete, als jemand das abwartete, und vor allem, was sich im Augenblick der Aufnahme allen verborgen zuspitzte … und wenn ich das vergessen muss, weiß ich mich auch nicht mehr daran zu erinnern, dass die Fotografie einmal gefunden wurde, weil sie schon dalag, im Zeitgeist, im Keim, in der Sehnsucht der Zeitgenossen nach abbildbarer und festzuhaltender Wirklichkeit, nach Fakten, nach Beweis, nach bürgerlich individualistischer Selbstbestätigung, nach Erforschung der Ferne, nach Erweiterung der Sinneswahrnehmung, nach glaubhaftem, authentischem Bericht, nach Dokumentation, nach Zeugenschaft. Künstlerisch konzeptuell lässt sich natürlich genau diese Beschreibung des Fotografischen nutzen, um sie zum Sprechen zu bringen und gleichzeitig in Frage zu stellen.

Machbare Bilder sind dem Finden nicht mehr ausschließlich verpflichtet. Man sagt, man könne ihnen nicht mehr glauben. Das erinnert an das ursprüngliche Bedürfnis, eine Fotografie ‚wirklich' zu nennen. Im Zusammenschnitt der Menge des Vorgefundenen und der Blickmenge des Fotografen, der wahrscheinlichen Subjektivität, lag einmal die Übereinkunft über die Glaubhaftigkeit des Bildes, solange wie dieses Verhältnis bekannt war. Heute ist es jeweils unbekannt.

Erfinden stammt von finden und dieses Finden der Fotografie ist nicht von heute auf morgen geschehen. Eigentlich hat die Erfindung aller optischen und chemischen Bedingungen der Fotografie Jahrhunderte gedauert, von 1277–1839, und ich frage mich, wenn sie so lange gebraucht hat, warum betrachtete man sie so schnell, so plötzlich als beendet? Ihre Geschichte ist nicht nur als technische, sondern auch als Geschichte des Sehens über das Sehen hinaus zu lesen. Seit der alexandrinischen Hochkultur waren Naturwissenschaft und Alchimie eins. Es herrschte kein Bewusstsein für eine Dualität der Disziplinen, das Geistige galt als die erste erfahrbare Größe. Das könnte eine der Erklärungen dafür sein, dass die Chemie auch nach der Aufklärung hinter der Optik weit zurück lag. Noch lange blieb sie den alten Vorstellungen der geistigen Verwandlung der Materie verhaftet.

Eine seltsame Mischung alchemistischer Weltsicht mit Ingenieurwesen und literarischer Vision hat zur Erfindung des fotografischen Sehens geführt. Die wundersame Vorstellung eines sich selbst genügenden, aus Licht entstandenen und haltbaren Bildes, also einer Fotografie, wuchs nicht erst im Kopf eines ihrer Erfinder, sondern wahrscheinlich schon in der Fantasie des Schriftstellers Tiphaigne de la Roche, 1761. Ein Schattengeist erscheint einem Gestrandeten und hält ihm die Illusion eines Spiegels vor, der Bilder mithilfe einer besonderen Beschichtung auffangen und halten kann.

Über die alchemistische Mitwirkung in der langen, die Fotografie vorbereitenden, wissenschaftlichen Entwicklungsgeschichte gibt es eine kleine Anekdote. Sie entstammt einem der Bücher meines Großvaters, die ich als Kind bei ihm auf der Suche nach ‚schönen Bildern' durchgeblättert hatte und erst später las. Dieses Bändchen heißt *Die Erfindung der Photographie* von Frank Ludwig Neher und erschien 1938 in der Reihe „Kosmos" in der Franck'schen Verlagsanstalt, Stuttgart. Man könnte meinen, es sei von einem Zeitgenossen der Erfinder selbst geschrieben. Die Anekdote sagt: Die Entdeckung der Lichtempfindlichkeit bestimmter Stoffe entstand aus der partiell alchemistischen Motivation eines Christian Adolphe Balduin, der den Weltgeist entdecken wollte. Stattdessen fand er 1727 den Leuchtstein, den Phosphor, als leuchtende Scherbe im Dunkeln, nachdem die Retorte mit

Kalziumnitrat wegen Überhitzung geplatzt war. Johann Heinrich Schulze jedoch suchte eben diesen leuchtenden Stoff, fand ihn nicht auf direktem Wege und meinte, es fehle ihm das ‚Edle', wiederum eine alchemistische Größe. Er fügte Silber hinzu und entdeckte die Lichtempfindlichkeit des Silbernitrats, was als ein unheiliges Wunder begriffen wurde und darum vor der Kirche geheimzuhalten war.

Aber was haben die wirklichen, endgültigen Erfinder der Fotografie dann endlich zuerst gewählt zu sehen? Waren sie frei, sich darüber überhaupt Gedanken zu machen? Frei genug von wissenschaftlicher Neugier, dem gesellschaftlichen Druck der für ihre Erfindungen überreifen Zeit, dem Druck der eigenen professionellen Biographie? Waren sie frei, sich bewusst zu sein, wie sie sehen würden, wenn sie soweit wären, die Bilder chemisch zu entwickeln und zu fixieren, die sie mithilfe des Lichts und der seit Jahrhunderten gereiften Optik vielleicht längst erträumten? Träumten sie überhaupt von Bildern und anderen, neuen Sehweisen, oder träumten sie, den großen Schritt zu tun, der fällig war, der in der Zeit lauerte, so dass er gleichzeitig mehreren Forschern an weit voneinander entfernten Orten als der nächste erschien? Nicht um einen neuartigen Blick, so scheint mir, ging es, auch nicht nur um einen Marktanteil, eher war die innereuropäische Konkurrenz um die Erfindung der Fotografie ein leidenschaftlicher Wettbewerb um des Erfindens selbst willen.

Mein Großvater war gerade noch ein Zeitgenosse dieses ausgehenden 19. Jahrhunderts und ein später, aber typischer Repräsentant und Erzähler. Wer an dem Durchbruch der Fixierung des lichtgeschwärzten Bildes mitgewirkt hatte, war meist auch schon Erfinder der unterschiedlichsten Techniken vorher gewesen, die mit dem Bilde nicht direkt zu tun hatten. So hatte Nicephore Niepce schon mit seinem Bruder Claude Schiffsmotoren erfunden, mit Farbpflanzen experimentiert, Rohrzucker angebaut und schließlich Steine für die Lithographie entwickelt, die ihn dann später eher bloß in Ermanglung eigener zeichnerischer Fähigkeiten zur dunklen Kammer und zur Belichtung dieser Steine führte.

Von der Magie der Fotografie war ich auch so viel später noch erfasst und beschwor ihre alchemistische Herkunft 1989 programmatisch, als könnte ich die Verdrängung des Chemischen durch das Elektronische bannen. Eine Ausstellung nannte ich einfach *Fotografie = Alchimie*. 1994 widmete ich dieser alchemistisch-fotografischen Beschwörung ein Buch mit dem Titel *Der anatomische Engel*. Das war die wissenschaftliche Bezeichnung eines der didaktischen Bilder im Naturmuseum. In dieser Komposition von Bildern und Gedichttexten ging es um den Schimmer als der eigentlich schwebenden Erscheinung der fotografischen Oberfläche über dem Bildraum selbst.

Das erste Bild Aktuelle Fragen kommen uns allen in der Erinnerung an die ersten Bilder, die man Fotografien nannte und die immer weiter am Anfang stehen werden, als solche gewichtet, zitiert, interpretiert und geehrt. Als ich selbst anfing zu fotografieren, kam ich mir nicht nur als Anfängerin auf dem eigenen Weg, sondern auch als Wiedererfinderin dessen vor, was ich benutzte. Gemessen an der Intensität der ersten Begegnung war das Finden dem Erfinden vergleichbar. Da Bilder die Freiheit subjektiver Betrachtungsweise schenken, sei ein Vergleich zwischen zwei Fotografien gewagt, die beide am Anfang standen. Die eine am Anfang der sich soeben manifestierenden Erfindung der Fotografie, die andere am Anfang meines Findens dieser Erfindung. Die erste eine Ikone als eines der Anfangsbilder der fotografischen Geschichte, die zweite ein ‚Anfängerbild' auf einem meiner ersten Filmstreifen 127 Jahre später.

Die Ikone wurde von Henry Fox Talbot, dem britischen Miterfinder und Mitbewerber um den Titel des eigentlichen Entdeckers der Fotografie, auf Papier aufgenommen. Die Betitelung sagt etwas über den natur- wie geisteswissenschaftlichen Hintergrund dieses gebildeten Mannes aus: *Tür ins Dunkle*, Kalotypie aus der Serie *The Pencil of Nature, 1844*. Der Titel meines Bildes war *Der Schatten von Fenster, Tür und Besen, 1971*.

Im Vergleich mit den beiden anderen offiziellen Erfindern der Fotografie, Nièpce und Daguerre, kann man Fox Talbot wohl als einzigem eine eigenständige, auf das Schöne, Bezaubernde und Reizvolle ausgerichtete Sehweise zusprechen, die sich ausdrücklich der Führung durch die Wirklichkeit des Lichts überlässt, *The Pencil of Nature*. So könnte man aus heutiger Sicht sein Bild *Tür ins Dunkle* eine Idylle nennen, die ich in meinen Anfängen vielleicht aufgenommen, aber nicht auszuwählen gewagt hätte. Was mich in diesen Vergleich gezogen hat, ist jedoch die Menge an Nähe und Entsprechung in diesem ungleichen Paar, und dann die Menge an Unterschiedlichem, die sich erst aus der Ähnlichkeit herausschält. Dieses verknüpfende Bildprinzip ‚Ähnliches in Unterschiedlichem' und ‚Unterschiedliches in Ähnlichem' findet sich als roter Faden des Sehens oder als Punkt der Überraschung in jeder lebendigen Fotografie, hier leitet es den Vergleich zwischen zweien.

Schon auf den ersten Blick verbindet die Bilder ein alltäglicher Hofbesen, der in gleichem, statisch bedingtem und damit beruhigendem Winkel wie beiläufig in eine Wandöffnung gestellt ist und dem Bild sowohl eine Bezugsdiagonale als auch eine Erzählung davon schenkt, dass seine Tätigkeit nur kurz unterbrochen ist. Ohne ihn wäre die Eingangssituation leer und ohne Suggestion. Die Potenz des Besens reicht zurück bis in seinen hyperaktiven Ungehorsam in den Händen des Zauberlehrlings, auf jeden Fall steckt sie als Erzählung in jedem solchen Holzstock mit seinem wirren Reisigbüschel. Das Idyllische an dem alten Bild ist das Unwidersprochene in seiner Erzählung. Eine Aufsicht auf eine sonnenbeschienene Wand aus alten Steinen, darin ein Türrahmen aus profiliertem Granit, gesäumt von winterlichen Kletterpflanzen. Die Tür führt nach innen ins Dunkle. Das Dunkle ist wirklich dunkel. Gerade das Alltägliche, Konkrete, nicht als Kunst Erfundene wird die Wirkung dieser neuen Bildwirklichkeit in einer solchen frühen Fotografie ausgemacht haben, eben das Fotografische.

Die räumliche Situation im zweiten Bild ist abstrakter und schwieriger zu lesen. Die Aufsicht auf einen Ausschnitt einer Wand ist so schräg, dass der weitere Blick ins Innere gleichzeitig mit dem Blick auf das Äußere fällt. Die eigentlich unsichtbare Fassade besteht nur als Annahme aus der Ergänzung der übrigen Elemente. Allein ein Stück Holzwand steht in der Fassadenfläche und entpuppt sich erst durch seinen Schatten als mögliche, geschlossene Tür, deren Funktion aber keinen Sinn macht, da rechts und links von ihr das Licht hereinflutet. Ausgerechnet die Tür scheint nirgendwohin zu führen, würde ihr langer Schatten in den hellen Raum nicht nur diesen markieren, sondern noch von einem an sich auch unsichtbaren kleinen Türfenster erzählen. Das Fenster gewährt keinen Einblick, zeichnet sich nur als helles Fensterkreuz in das dunkle Rechteck. Da das Bild eher aus Ahnung, denn aus Bestätigung zu bestehen scheint, übernimmt der wie beschrieben hingelehnte Besen eine umso lebendigere Funktion. Sein diagonaler Schatten verbündet sich mit dem Schatten von Tür und Fenster als die eigentliche Erzählung des Bildes, die von dem Gespräch zwischen Licht, Zeit und Raum mehr sagt als über die Präsenz einer Garage.

So wie die allgemeine Geschichte der Fotografie keine der immer noch besseren Bilder ist, so staune ich über meine Anfänge nicht weniger als über die ersten Fotografien überhaupt und kann nicht ernsthaft behaupten, je eine bessere Fotografin geworden zu sein. Das Gefühl, in dieser Sprache immer Anfängerin zu bleiben, hat mich nie verlassen.

Das letzte Bild

Welcher Fotograf kennt das letzte Bild, das er bewusst als seine letzte Fotografie belichtet hat, bevor er seine Entscheidung wahrmachte, von nun an nie mehr zu fotografieren? Solch eine Fotografie mit dem Titel *Mein letztes Bild* gewönne ungeheuerlich an Bedeutung. Alles flöge ihm zu an Deutung. Ich kenne kein solches Bild. Den Zeitpunkt eines Endes zu bestimmen, ist noch ungenauer als den des Anfangs. Das von Anbeginn an irgendwie mitgedachte Ende wird Anfang in dem Augenblick, da es wieder Erfindung wird, als die stille Eigenschaft eines Bildes, das einen fasziniert. Es gibt Bilder, die der Trennung dienen, Trennungsversuche.

Abschied von der Fotografie zu nehmen, bevor sie sich selber verabschiedet hat, gehört vielleicht zu einem eher preziös-melancholischen Zugang, den meisten Fotografen vertraut außer den professionellen Journalisten unter ihnen, die vor der unerschöpflichen Aktualität der Ereignisse keinen Zweifel kennen. Für die künstlerischen Fotografen ist es ein Abschied, der sich wiederholt und überholt. Wann hörte die Fotografie auf, eine gerade Erfundene zu sein, sich als neu zu behaupten, anderes vom Sockel zu stoßen, an der Front zu marschieren? Deutete sie nicht als technisch reproduzierendes Medium von Anfang an auf ihre eigenen Grenzen und trug sie nicht immer schon ihre eigene Vergänglichkeit zur Schau? Melancholie gehört zum Wesen der Fotografie. Sie gehört ihr in jedem Aspekt ihrer Theorie und Praxis.

Die Grenze der Fotografie Die innerste Grenze als das, was sie im Innersten bestimmt und umreißt, ist ihre Freiheit im Sinne von Unabhängigkeit von einer einzelnen möglichen Absicht oder Initiative eines der drei Beteiligten: der Realität vor der Kamera, der Kamera selbst und des Beobachters hinter der Kamera. Das Bild als neue Wirklichkeit auf der Filmebene der Kamera entsteht aus der zeitlichsten und lichtesten Korrespondenz zwischen diesen Akteuren.

Obwohl das, was vor der Kamera liegt, gegenständlich, da sichtbar sein muss, ist genau diese Eigenschaft nicht die, die den auslösenden Moment bewirkt.

Obwohl die Kamera wie ein Roboter programmiert werden könnte, ihr Auge zu öffnen oder zu schließen, also zu sehen, wird das endgültige Bild immer das Ergebnis einer Kooperation oder Korrespondenz bleiben zwischen der sich in Zeit und Licht entfaltenden Realität vor der Kamera, der Dauer und Größe der geöffneten Linse und der eingreifenden Entscheidung des Fotografen, diese zu programmieren und ein entstandenes Bild zu wählen oder zu verwerfen.

Und obwohl der Fotografierende den größten der drei Handlungsspielräume besäße, ist er nur in Übereinstimmung mit den anderen beiden handlungsfähig. Im Normalfall behandelt er die Kamera nicht wie einen Roboter, vielmehr wie ein Werkzeug im weitesten Sinn. Die Beschaffenheit der Kamera führt die Hand und, durch ihren Sehtunnel, das Auge. Die Realität vor der Kamera ist nun einmal sehr viel mehr als einfach gegenständlich. Vielleicht führt es weiter, erst einmal zu sagen, es gibt sie gar nicht als an sich beschreibbare oder als den Grund für ein Bild. Grundsätzlich ist sie davon abhängig, gesehen zu werden, um als Wirkende in Kraft zu treten. Ein Blick muss auf sie fallen. Davor und danach ist sie an sich ungeordnet in Zeit und

Raum, unvorhersehbar, abhängig von dem Licht, das auf sie fällt und von unendlich vielen Faktoren der jeweiligen Geschichte, in der sie abläuft und von jedem anders gesehen; und so ist sie veränderlich in ihrer Wirkung auf den Beobachter. Der Blick wiederum wird von ihr, die noch nicht ist, noch nicht mehr ist als eine unbestimmte Realität, angezogen, weil sich dem Blick in Abhängigkeit von der Verfassung des Beobachters eine aus der Erinnerung kommende Ahnung zugesellt. In diesem Sekundenspiel erscheint von ihr das Allgemeine, das sie ausmacht, ihr Punkt in der Zeit, ihre Ausdehnung im Raum, ihr Erscheinen im Licht. Alle drei zusammen enthüllen ihren Ausdruck, der sich meist anfühlt, als würde eine Erinnerung lebendig.

Die Freiheit von der Willkür eines der drei Akteure ist also die innerste Begrenzung der Fotografie? Eine Fotografie als ein Bild, das ich in der Hand halte, gehört nie in der Weise der Realität, wie man dieser gerne die Verfügung über das sie dokumentierende Medium zugesprochen hätte. Es gehört auch nicht ganz dem Fotografen als ihrem Schöpfer und möglichen Zerstörer der Realität da draußen oder als dem wirklichen Erfinder oder möglichen Zerstörer seiner eigenen Sehweisen und Ergebnisse. Das Bild gehört ebenso wenig der Kamera als Apparat. Eine Fotografie ist unabhängig abhängig, abhängig frei, ein Dokument einer Korrespondenz mehr als einer handfesten Realität.

Bis hierhin hat mich das Foto meines Großvaters wie der Takt seines Stockes begleitet. 1987 ist er mit 95 Jahren gestorben. Dabei konnte ich ihn begleiten. Nicht immer war ich mir bewusst, wie lange ich mich an ihn gelehnt hatte um eines Grundgefühls willen, des Gefühls der Sicherheit, durch eine Geschichte gehen zu dürfen, die größer ist als die eigene Reichweite.

Bild ohne Wort Wenn ein oder mehrere Worte einer Fotografie zugeordnet sind, geben sie den Ton an, denn sie sagen etwas zu dem Bild, was man meist liest, bevor man das Bild betrachtet. Bloße Unterschrift, Orts- und Zeitangabe machen da keine Ausnahme, anders als bei einer Zeichnung, die durch solche Angaben nur datiert und ausgewiesen ist. Schriftliche Angaben zu einer Fotografie, die sogenannte Legende, berechtigen sie zu ihrem Platz in irgendeinem Zusammenhang oder beanspruchen, ihre eigentliche Geschichte zu erzählen oder einfach das, was wirklich los war. Wer eine herumliegende Fotografie in die Hand nimmt, fragt zuerst: Wo ist das? Das ist die erste unverfängliche, aber auch unvermeidliche Annäherung an ein fotografisches Bild, solange dieses einen Ort vermuten lässt. Gäbe es dafür keinerlei Zeichen, deutete das schon auf einen höheren Grad an Abstraktion hin, der die nächste Frage nötig macht: Wann ist das? Und wenn auch darauf keine Antwort möglich ist, weil nichts im Bild von einer bestimmten historischen Zeit spricht, kommen weitere Fragen in Betracht: Was ist das? Wer ist das?

Solange nach einem DAS gefragt wird, besteht Voreingenommenheit gegenüber der Fotografie. Man setzt voraus, dass sich das Bild selbst diese Fragen wünscht, dass es eingeführt sein will, vorgestellt, bevor jemand sich daran macht, es zu betrachten. Als wäre es als Fotografie einem auf jeden Fall das DAS schuldig. Jedes ihr beigefügte Wort unterstützt diese Erwartung oder verwirrt sie, indem es mit ihr spielt. Manchen Fotografen mit künstlerischen Absichten oder Dichtern und Künstlern mit fotografischem Interesse war dieses Spiel lange Zeit ernst. Sie stellten Worte nicht zu der Fotografie, sondern gegen sie, um auf das fragwürdige Verhältnis und die Selbständigkeit von beiden hinzuweisen und den Beitrag des Einen zum Anderen neu zu erfinden. Das einzelne, einfache, fotografische Bild galt den nachdenklichen Konzeptualisten als hilflos, verloren und überholt, irgendwie von innen der Ästhetisierung seiner eigenen Machart ausgeliefert, und damit seiner Kommerzialisierung.

Heute, zurückblickend, darf ich anerkennen, dass die rätselhafte und vieldeutige Fotografie sich in alle Richtungen neigt, aus denen sie befragt wird, direkt oder indirekt. Je nach Frage gibt sie Auskunft, hat aber dabei nichts wirklich zu verlieren. Manche sagen ihr nach, sie verkümmere ohne die Begleitung von Worten oder anderen Bildern, aber ich verdächtige sie, dass sie dann erst richtig aufblüht, wenn man sie einfach fragt: Was IST? und dann: Wie IST?

Als ich weiter oben die Fotografie meines Großvaters von der Straße der kleinen Stadt meiner frühen Kindheit beschrieb, hob ich diese Fotografie heraus als eine, die viel mehr als das, was man fragen könnte, aus sich heraus beantwortet. Einfach daraus, wie sie ist. Darum fasziniert sie mich so. Darum höre ich nicht auf, mich über sie zu wundern. Meine Auswahl der ganzseitigen Bilder zeigt Fotografien, über die ich mich immer noch wundere, obwohl ich die ganze Geschichte ihrer Entstehung besser wüsste als sie selbst, obwohl diese mir im Weg stehen könnte, mich ablenken, mich verführen, mich autorisieren könnte, sie damit auszustatten oder gar zu bekränzen. Ich werde sie ohne Worte vorstellen. Was sie gemeinsam haben, ist, dass sie mich länger als andere beschäftigt und belehrt haben, dass ich sie noch mehr als andere als Geschenke betrachte, dass sie lauter und eindringlicher sagen, wie unabhängig sie sein können, wenn man sie lässt.

Das Leben als Fotografie 1971–1991

Das Ende der Geschichte mit meinem Großvater führt mich zurück an den eigenen Anfang. Die Jahre 1971–91 waren die bewegtesten in meinem fotografischen Leben. Der eigene Aufbruch war eingebettet und angetrieben, gefordert und gefördert von der Dynamik, in die das neue Denken der unruhigen 70er Jahre und die Intensität der 80er Jahre mitriss. Diese Jahre, die gleichzeitig eine interessant verspätete Postmoderne in Architektur und Fotografie erlebten und den unausweichlichen, langsamen Abschied von der analogen Wirklichkeitswahrnehmung vorbereiteten. Ob ich das Neue nun jeweils umarmte oder mich dagegen stemmte, ich war Teil davon. Die Entwicklungen überstürzten sich ab 1974, angetrieben von einer unvergleichlichen Faszination für politische und ästhetische Theorien, die alle, Intellektuelle wie Künstler und Fotografen, ergriff. Nur darin schienen sich alle einig, dass gewohnte Orientierungen, endgültig und lange vorbereitet, verloren waren. Was stattdessen auftauchte, die neugewonnenen Überzeugungen, wurde so tief wie Bekenntnisse empfunden, so temperamentvoll dargestellt und verteidigt, dass man in der Verfolgung der eigenen Projekte immer auch mit der Abgrenzung zu einem jeweils anderen Denken zu tun hatte und mit seinen Vertretern diskutierte, als ginge es ums Allgemeinwohl. Es liegt wohl auch an dem Umstand, dass ich fast von Anfang an, kaum hatte sich die Fotografie meiner bemächtigt, die Chance bekam, auszustellen, zu unterrichten und internationale Workshop-Programme zu organisieren. So wuchsen die Notwendigkeit und das Bedürfnis gleichzeitig, Worte zu finden für das, was ich jeweils gerade über die vielen Weisen lernte, sich dem Bild und den unendlichen Nuancen der durch das Fotografieren sichtbar gewordenen Wirklichkeit gegenüber zu verhalten. Lernen und Lehren wurde ein lebendiges Wechselspiel. Die eigenen frühen Bilder hatten sich auf einer bewussten Gratwanderung bewegt. Rückblickend nannte ich sie später: *Private Bilder von Öffentlichem und öffentliche Bilder von Privatem.* Gemeint war die niemals unangefochtene Spanne zwischen der Übereinkunft darüber, was wirklich sei (das Öffentliche, Zeitliche, Allgemeine) und der eigenen Erfahrung davon, wenn das Bild im Augenblick der Wahrnehmung schneller als ein Gedanke aufblitzt und hinter dem Vorhang der Blende im Inneren der Kamera verschwindet. Dann hat das Licht Regie geführt und dem anderen Wirklichen (dem Privaten, Zeitlosen und Persönlichen) das Wort gegeben.

Das Glück der Anfängerin als Amateurin USA 1970–72

Es war mir 1971 wie ein unauffälliger Zufall erschienen, dass ich im Jahr vor meinem Abschluss des Architekturstudiums in den USA in einen Fotografiekurs geriet, um aus formalen Gründen ein paar Course-Credits mehr vorweisen zu können. Heute betrachte ich es als Glück, schon damals gefunden zu haben, was meine Begegnung mit der Wirklichkeit von außen nach innen und von innen nach außen seither lenkt. Dieses Glück stellte sich vom ersten Augenblick ein, in dem ich die Kamera mit nichts als dem Anspruch herauszufinden, welcher Blick ihr entspricht, zwischen mich und die Welt stellte. Damals ging es nur um ein paar fotografische Kenntnisse, die einer werdenden Architektin dienlich sein könnten. Und es hätte nahegelegen, das Fotografieren entlang der Architektur und ihren Sehweisen zu lernen. Dieser Blick wäre vertraut und vorhanden gewesen. Es hätte genug Interesse gegeben, Architektonisches zu forschen und zu dokumentieren, gerade in Amerika.

Wie konnte ich ahnen, dass mich diese erste Begegnung mit der amerikanischen Fotografie und die eigenwillige Art meines Lehrers, uns diese und das Fotografieren selbst nahezubringen, so aus der selbstverständlich gewordenen Spur meiner planerischen und gestalterischen Ausbildung werfen würde. Vor allem, dass ich ein solches Glück jenseits dieser Spur finden könnte. Dieser einsemestrige Kurs blieb der einzige, den ich als direkte ‚fotografische Schulung' vorweisen kann. Technik und Handwerk wurden darin fast demonstrativ ignoriert und nur erwähnt, wenn sie größeren Anteil an dem Gelingen oder Versagen eines Bildes hatten. Das Lesen des Bildes war die eigentliche Übung des Sehens.

Da ich vorher nie fotografiert hatte, war dies ein wirklicher Anfang, also das erste Mal, dass ich einen Film in eine Kamera legte und das Haus verließ, nur um zu fotografieren, d.h. nur um zu entdecken, dass es erst einmal gar nichts zu fotografieren gab. Ich war verloren und ohne Orientierung, da die neue Frage, mit der ich aufgebrochen war, mit jedem Schritt eine Antwort verlangte und mir bewusst machte, wovon mein Sehen bisher geprägt gewesen war. Diese mir selbst gestellte Frage hieß: Was, in dem Wirklichkeitsbereich, der jetzt gerade vor mir liegt, lehnt sich mir entgegen, fotografiert zu werden, weil, und das war das einzig gültige Kriterium, ein fotografisches Bild ein Mehr ergeben würde, etwas Reicheres, Dichteres, Wirklicheres als das Stück äußere Wirklichkeit, das dazu der Anlass gewesen sein könnte. Während ich in der kleinen Campus-Stadt herumwanderte, wurde mir bewusst, dass es nicht an der Menge alles Sichtbaren, nicht an seiner Besonderheit, geschweige denn Skurrilität, nicht an seinem objektiven Mitteilungswert, seiner Relevanz, ja dass es an gar keiner Qualität des Vorfindbaren allein liegen konnte, ob eine Fotografie sich lohnte. Denn es erschien mir offensichtlich, dass es irgendwie um ein nicht zu kontrollierendes Zusammenspiel mit vielen Unbekannten ging, und dass die daraus resultierende Wirklichkeit des fotografischen Bildes auf jeden Fall die eigentliche war, an der gemessen sich der ganze fotografische Aufwand rechtfertigte oder nicht. Aus heutiger Sicht durch die Handy-Kameras darf man einen solchen Anfang als eine Oase oder eine Enklave empfinden, die zeitlich zurückzudatieren wäre in eine undeutliche historische Nähe zur Erfindung der Fotografie selbst.

Gleichzeitig war dies ein abenteuerlicher Aufbruch auf eine Entdeckungsreise, die ihr Ziel nie verlor und nie erreichte, das Ziel zu verstehen, welche Dimensionen von Wirklichkeit sich der Wahrnehmung öffnen, wenn der Sinn des Sehens sich mit einer Sprache und dem durch diese Sprache entstehenden Bewusstsein verbindet. Dass diese Sprache nicht durch einen Stift, sondern durch ein technisches Gerät hindurch, dem Auge ähnlich, zu ihren Bildern fand, machte all die Nachdenklichkeit und als Ergebnis all die Theorien aus, die den Einzug dieses Mediums in die gesellschaftliche Wirklichkeit und in die Ausdehnungen der Künste begleitete.

Ab Oktober 1970 lebte ich mit meinem ersten Mann, Michael von Gagern, und unserer damals sechs Monate alten Tochter Franziska für zwei Jahre im State College, Pennsylvania, wo er seine auf die Hintergründe des Marxismus gerichteten philosophischen Studien in die politische Ökonomie ausdehnte und ich mich an der School of Environmental Studies auf meinen Master in Architektur und Städtebau vorbereitete. Begonnen hatte meine Liebe zur Architektur mit einem eher verträumten Interesse an griechischen Tempeln und Statuen, denen ich mit neunzehn Jahren zum ersten Mal an ihren elegischen Orten auf einer Studienreise mit meinem Großvater begegnet war. Auf meine beiden Berufswege, die Fotografie wie die Architektur, hat dieser Großvater auf indirekte, aber inspirierende Weise bestimmend gewirkt. Eigentlich hatte ich Germanistik studieren wollen, aber nach dieser griechischen Reise war ich so gebannt von dem Phänomen des Schönen im Gebauten, dass ich mir einbildete, der Welt auf dieser Ebene eher etwas beitragen zu wollen. Meine Kommilitonen an meinem ersten Studienort in Aachen amüsierten sich über die vielen Bilder griechischer Kunst an den Wänden meines Studentenzimmers, während ich mich eher erstaunte, dass sie es wagten, sich den Vorgaben der Professoren zu widersetzen und auf größere soziale und politische Relevanz der Entwurfsaufgaben und des Unterrichts zu pochen. Das war das Jahr 1966, in dem sich die dann kommende allgemeine Erregung meiner Generation gegen die Autorität der unbewältigten Kriegsvergangenheit in den Köpfen und Herzen der Elterngeneration wie unter dem Diktat eines Naturgesetzes ankündigte. Ich selbst war noch nicht vorbereitet darauf, in diesem Sinn aktiv zu werden, mein politisches Bewusstsein musste erst reifen und brach vier Jahre später in den USA wie eine Woge an Freiheitssehnsucht mitten in der amerikanischen Studentenbewegung über uns ein und in mir aus.

In Aachen wurde meine Liebe zur Klassischen Moderne gleichzeitig herausgefordert von Ereignissen wie Wolf Vostells Happenings und Joseph Beuys' Filmen und Aktionen, die plötzlich in die TU einzogen und denen ich mich vorbehaltlos öffnen konnte, viel leichter als den politischen Aktionen meiner rebellischen Mitstudenten. Das Studium an sich war in den ersten Jahren in seinen Grundfächern Statik, Baustoffkunde und Konstruktion so trocken und fremd, dass mich nur das Entwerfen und Zeichnen selbst und die Vorlesungen in griechischer, ägyptischer und japanischer Baugeschichte hielten. Nach einer Praktikumszeit in der französischen Schweiz, einem Zwischensemester in München und einem Gastsemester in Madrid in Francos Spanien, wo auch 1970 meine erste Tochter, Franziska, zur Welt kam, landeten wir als kleine Familie im Herzen Pennsylvanias. Der Campus war die eigentliche Stadt und umgekehrt. Die Atmosphäre war konzentriert und politisiert. Alles schien von hier seinen Ausgang zu nehmen und uns mit etwas wie dem Zeitgeist zu infizieren und zu vernetzen. Die Analyse der Hintergründe des Vietnamkrieges öffneten uns die Augen, die ersten ernstzunehmenden Aufrufe zum zivilen Ungehorsam ließen mich aufhorchen. Schon tauchten Mahnungen aus einem frühen ökologischen Bewusstsein auf und wurden schon damals wie eine brenzlige Glaubensfrage behandelt. Dann die Anfänge des amerikanischen Feminismus mit seinen so präzisen sozial-ökonomischen, psychologischen und strukturellen Untersuchungen über die Frau, den Mann und die Gesellschaft, die sie trennte.

Erst in diesem bewegten Amerika also und in diesem kleinen nebensächlichen Kurs, sah ich zum ersten Mal klassisch-moderne und zeitgenössische amerikanische Fotografie. Eine bestimmte Art von Glück über das Sehen-Lernen hatte ich durchaus schon im Architekturstudium kennengelernt, wenn einem die Augen geöffnet wurden, in plötzlichen Sprüngen, als wäre man vorher blind gewesen. Und jeweils dann schien die ganze sichtbare Welt dem beizupflichten, dem entgegenzukommen und zuzuarbeiten.

Vor diesen amerikanischen Bildern jedoch packte mich eher eine Art Ehrfurcht und Ergriffenheit. Wenn ich aber selbst loszog, von dem Lehrer mit nichts als dem Auftrag zu fotografieren ausgestattet, leiteten mich nur die Fragen, was ist ein Blick, was ein Augenblick, welcher ist der entscheidende, was ist mit all der Unordnung, die sich mir da draußen aufdrängt, wie entsteht eine Priorität, die das Wirkliche wirklich ordnet und nicht nur formalen Gesetzen folgt, wie ich sie als Architektin zu gut kannte? Wann sage ich ‚ja', wann ‚nein'? Ich ahnte, dass all das nicht zu lernen, sondern zu leben war, und dass es auf den Alltag ankommen würde, auf jeden bewusst erlebten Augenblick. Ich sah mich nicht bestimmt, eine Weltreisende, eine Kriegsreporterin, eine Chronistin des Zeitgeschehens zu werden, obwohl mich auch das faszinierte.

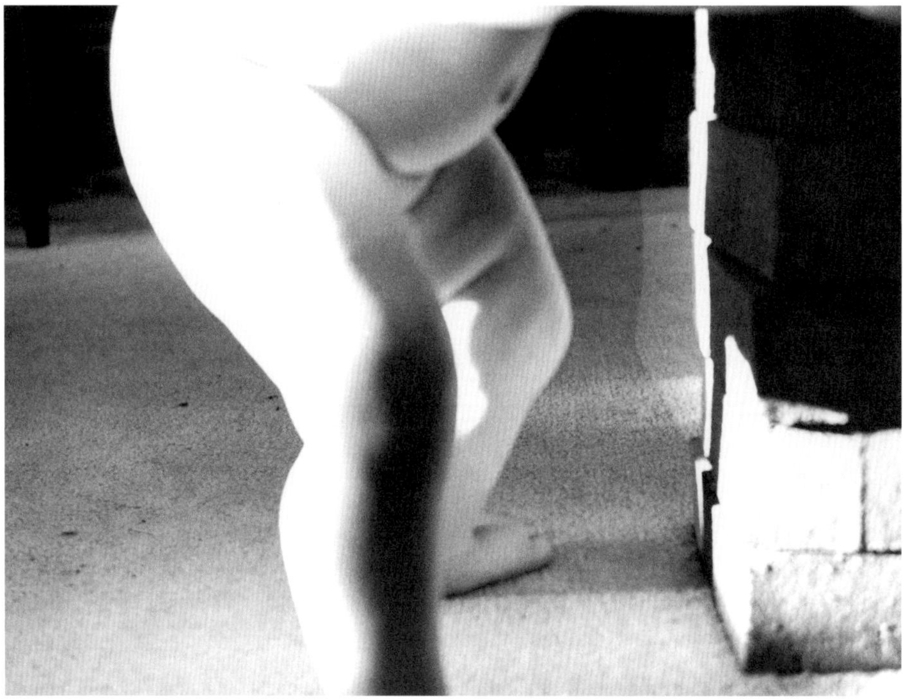

Wie ich nicht viel später in Europa beim Unterrichten beobachten durfte, liest sich oft schon in den ersten Kontaktbögen junger Fotografen eine eigene, persönliche Spur, eine Handschrift – technisches Medium hin oder her. Meine erste ‚richtige' Fotografie auf dem dritten Kontaktbogen im Jahre 1971 stürzte sich mir regelrecht entgegen und ich wusste augenblicklich, dass etwas ‚Fotografisches', Fotografischeres, geschehen war. Meine einjährige Tochter hatte sich nackt an einer harten Backsteinbank hochgezogen und damit ihren kleinen Körper einem harten, bleichenden Licht ausgesetzt. Dieses Bild war nicht gerade wohlgefällig für eine Mutter, sondern schmerzlich, da bedrohlich, und doch schön zugleich. Auf der Rundung ihres Pos lag eine harte Lichtspur wie ein dreieckiger Fetzen, der auch über die Ziegel wanderte. Alles schien gleich wichtig, der Ausschnitt war knapp wie die Form, um die es ging, das Licht wirkte über seine Beleuchtungsfunktion hinaus eingreifend, ja bleichend, die Steine waren lebendig im Verhältnis zu der verletzbaren Haut geworden.

Das war das erste Bild in der Serie derer, die ich als meine Lehrbilder im eigenen Archiv zu achten lernte. Ab dann machte ich mir um die Priorität der Themen keine Gedanken mehr. Ich wollte fotografieren, was hautnah war und was sich dennoch auf seltsam direkte Weise als ‚Schnappschuss' dem Griff der allgemeinsten Erinnerung in mir aussetzte. Am Ende des Kurses sagte mein fotografischer Lehrer, ich hätte einen sehr eigenen poetischen Blick, ungewöhnlich für eine Anfängerin. Was es mit dem Anfängersein auf sich hatte, sollte mir immer wieder begegnen. Wenn in Deutschland später von der Autoren-Fotografie gesprochen wurde, so war das nicht unwesentlich von dem amerikanischen Verständnis der ‚Amateur Photography' vorbereitet worden, zu der sich ernsthafte Fotografen bekannten, die sich als Autoren und professionelle Anfänger verstanden. Der fotografische Amateur als der bewusste und kenntnisreiche Liebhaber der Fotografie galt im Gegensatz zum Dilettanten wie zum Profi als der eigentliche, der visuelle Dichter. Aus der damaligen konzeptuellen Sicht blieb neben der radikal dokumentarischen Haltung nur die Fotografie als Skizze und Notiz bestehen, der Schnappschuss, auch das Bekenntnis zu den Schwächen des Mediums als Entwurf ihrer eigentlichen Stärke als Anti-Ästhetik.

Als wirkliche Anfängerin aber war mir nur bewusst, dass das Poetische nicht mit Lernen oder Wissen zu tun haben konnte, sondern mit mir als Kind, mit der erinnerten kindlichen Wahrnehmung, und ich akzeptierte, dass keine Schule der Fotografie mich ausgerichtet, sondern nur die sachliche Architektur meinen Blick noch ein bisschen mehr dem Licht und dem Raum geöffnet hatte.

Das Anfängerglück bestand auch aus dem Gefühl, dass mir ständig die Augen geöffnet wurden. Und wenn ich Fotografien anschauen lernte und selber fotografierte, dass sie mir auf eine ganz andere Weise übergingen. Auch im Architekturstudium selbst erschien mir das, was ich in Deutschland verlassen hatte, selbst der Tempel des Bauhauses, wie ein alter Hut. Ich hatte eine Stelle als Teaching Assistent und war mit allem gleichzeitig konfrontiert, vom alten Ingenieursgeist bis zur Vorfront neuen Denkens.

Die neuen Welten konnten nicht widersprüchlicher sein. Allein in der Architektur gab es drei Strömungen, die mich beschäftigten: an der Nachbaruniversität Philadelphia herrschte der Einfluss des Architekten Louis Kahn, der, anstatt mit Steinen, Glas und Stahl, mit Raum und Licht allein zu bauen und Material nur zu benutzen schien, um diese abstrakten Phänomene miteinander skulpturhaft zu lenken und zu materialisieren. Am State College dagegen rangen eine intellektuelle und eine pragmatische Richtung miteinander: letztere war Ausdruck der politischen Prioritäten. Das quantitative planerische Denken, erneuernde systematische und systemische Methoden, ja schon die ersten Riesencomputer kamen zum Einsatz, um funktionalen Lösungen näherzukommen. Nur ab Mitternacht hatten wir Zugang zu diesen gewaltigen dunklen Kästen, die mannshoch beieinander standen, Lärm und Hitze erzeugten und uns ermöglichen sollten, möglichst viele Parameter in möglichst viele Pläne zu zeichnen und in der Maschine übereinander gelegt auswerten zu lassen, sodass z.B. ein eventuell moralischer ökologischer Standpunkt auch ökonomisch, sozial und rechnerisch quantifizierbar und damit überzeugender wurde. Obwohl mich diese Vorgänge faszinierten, machten mir die Computer Angst, als wären sie bedrohliche Aliens.

Die dritte intellektuelle Richtung war das Werk eines einzigen Architektenteams, Robert Venturi & Rauch. In Büchern und Bauten begruben sie alle Denkweisen und Werte der klassischen Moderne, riefen nun auch, schon verspätet nach Kunst und Literatur, die Postmoderne in der Architektur aus, d.h. sie zogen Konsequenzen aus der Beobachtung, dass sich die Wahrnehmungsweisen und -möglichkeiten des heutigen beschleunigten Menschen so drastisch verändert hätten, dass die Sprache der Bauten, ihre Zeichen und Ausrichtungen dem anzupassen seien. Gleichzeitig durften sie in ihrer Formensprache zitathaft über ein viel größeres Vokabular als das ‚nur' moderne verfügen. Die einzig gültige, aktuelle und beispielhafte Erfahrung einer zeitgenössische Straße sei der kommerzielle Strip: eine eindimensionale Aneinanderreihung von zeichenhaften Fassaden, die sich mehr durch Sprache als durch Form mitteilen, die den, der vorbeifährt, ruft, lockt und erinnert. Diese anonym gesetzten Zeichen und ihre psychologisch-sozialen Bedeutungen erforschten sie auch in fotografischen Bilderzyklen. Das Referenz-Werk dieses

Denkens war ihr Buch: *Complexity and Contradiction in Architecture*. Dieser Einfluss hat mich wohl am meisten von Europa entfernt. Das alte Bauhaus, die funktionale wie die ästhetische Moderne wirkten plötzlich wie verstaubt und verblasst.

Obwohl ich mich mit all dem im Kopf und in den Augen sozusagen Hals über Kopf in die Fotografie verliebt hatte, scheine ich erst einmal überhaupt keine Notwendigkeit verspürt zu haben, das, was ich in, an und durch die Fotografie entdeckte, in irgendeinen konsequenten Zusammenhang mit dem zu stellen, was ich in den anderen Bereichen meiner amerikanischen Erfahrung wie oben beschrieben schon verdaut hatte. Als müsste ich das fotografische Sehen unbelastet von den komplexen Theorien anderer Disziplinen erst einmal nur wie neu entdecken dürfen, ja vielleicht für mich erfinden. Das Staunen war der Anfang, nicht die Reflexion. Dieser Beobachtung bin ich im ersten Kapitel wieder im Zusammenhang mit meinem Großvater nachgegangen.

Danach brauchte es zehn Jahre, bis die Postmoderne in der Architektur Europas als Begriff, Gedanke und schließlich als Stil auftauchte, um dann aber auch gleich alles zu überrollen, sich selbst inbegriffen. Als bestünde vor allem ein Durst danach, endlich, nach all den Jahren politisch und sozial bestimmten Denkens im Entwurf des zu Bauenden, sich wieder der Form zuwenden zu dürfen, woher auch immer diese Rechtfertigung kam. Es erschien mir wie eine Befreiungsbewegung gegen die Dogmatik sozialer Relevanz und der Verbannung der Form, des Ornaments, des Zitats, des Gestaltens schlechthin, die die 70er Jahre bestimmt hatte. Am Ende der ‚postmodernen Phase' war dann dieser Aufbruch in die formale Befreiung schon bald banalisiert, reduziert auf ein dekoratives Repertoire von Designelementen. Dass die Postmoderne eigentlich zwanzig Jahre vorher in dem Bereich der Geisteswissenschaften einer historisch notwendigen neuen Phase ihren Namen gegeben hatte, blieb den Gestaltern, die später mit ihren Formelementen umgingen, weitgehend unbewusst. In meinen Augen war es 1971–72 in Amerika eine Revolution gewesen.

Zwei Jahre Abwesenheit vom eigenen Land, zu einer Zeit, als die Welt noch lange nicht so offen stand wie heute, als man aus der Ferne seinen Lieben zuhause ab und zu einen langen Brief schrieb, aber aus Kostengründen keinen telefonischen Kontakt hielt und nie auf die Idee gekommen wäre, ein Foto zu schicken oder gar einen Zwischenbesuch abzustatten, diese Anwesenheit in der Fremde war so uneingeschränkt und ununterbrochen, dass das Andere ganz wirklich werden konnte. Auch sind in diesem Alter zwei Jahre eine lange Zeit. Meine fotografische und kulturelle ‚Amerikanisierung' ging also tief. Ich hatte vergessen, was in mir deutsch war, sollte es erst in späteren Jahren in anderen Vergleichszusammenhängen zurückgespiegelt bekommen.

Die amerikanische Rückkehrerin
München 1972–75

Mit einem Master in der Tasche, einen in Economics und einen in Arts and Architecture, kehrten wir im Herbst 1972 nach Deutschland zurück. Neun Monate später kam Moritz zur Welt. Als mein Vater erkannte, dass mein Studium der Architektur mich nicht endgültig zur praktizierenden Architektin gemacht hatte, schenkte er mir 1972 eine Hasselblad, mit der ich noch heute fotografiere. Ich verstand es wie ein großzügiges Zeichen seines Vertrauens. Auch er benutzte die Fotografie wissenschaftlich und handwerklich, um in Zellbildern Krebserkrankungen zu erforschen. Nach diesem Geschenk habe ich mir kaum je eine neue Kamera gekauft, die Dienste der alten schienen mir jeweils noch nicht wirklich ausgeschöpft. Von den Firmen Polaroid und Olympus bekam ich allerdings später Kameras geschenkt.

Als amerikanische Rückkehrerin stand ich da, meinem eigenen Land entwöhnt, geneigt, an die Veränderbarkeit der Gesellschaft zu glauben, verliebt in eine Freiheit, die mir Amerika persönlich versprochen, und in ein Medium, das sich dort wie nirgends entfaltet hatte. Die kleine deutsche Wirtschaftskrise von 1972 kam mir entgegen, indem sie einen offiziellen Grund schuf, warum Architekten keine Arbeit fanden. So fasste ich den Entschluss, bis auf weiteres meinen Blick radikal von dem Architektonischen abzuwenden, um ihn bei dem eigentlich Fotografischen ruhen lassen zu können. So gewöhnte ich mir an, Architektur zu ignorieren, zu übersehen, und verlor konsequent meinen Sinn dafür, bis ich sie nicht mehr wahrnahm, außer als Möblierung der Welt, wie sie die Menschen umrahmt und bedingt, bedrängt oder beheimatet.

Mit ihr verbunden wurde ich erst wieder, als ich 1975 den Architekten Otto Steidle traf, der später mein zweiter Mann wurde. Seine Arbeit bezauberte mich, wie ich nie mehr hätte von Gebautem verzaubert werden wollen. Für ihn fotografierte ich später auch wieder Häuser und Räume, allerdings mit dem Einverständnis, die eigene Sehweise beibehalten zu können, was ja gerade in der Architekturfotografie als Auftrag unter einem Kanon von Erwartungen verdrängt wurde.

Inzwischen hatte ich die Geschichte der Fotografie, wie sie in klassischen Geschichtsdarstellungen geronnen war, studiert und in gewisser Weise verinnerlicht. Ein seltsam starrer Kodex lag über den damaligen Versuchen, die Strömungen dieser jungen Geschichte zu bändigen und zu benennen. Schlüssig und scheinbar makellos folgerichtig wurden darin die Taten der Fotografen wie transzendental Kausalketten zueinander geordnet. Alles das war in mir aufgebaut wie das Denkgerüst eines privaten Kosmos. Die Hauptfiguren waren meine Vorbilder, die Ungarn, die Tschechen, die Franzosen, die Amerikaner. Aus wirklicher Bewunderung war meine Fotowelt gemacht. Damit war ich in Deutschland erst einmal weit und breit allein, auch noch ohne Kontakte mit Fotografen, und lebte mit meiner Familie in einem feuchten, mit wenigen Öfen beheizten und von wilden Gärten umgebenen Bauernhaus im Westen Münchens. Die Dunkelkammer, eine ehemalige kalte Milchküche, wurde von der Familie respektiert als der Raum, aus dem man mich nur im Notfall rief. Alles darin war allein zu lernen und zu entdecken, die Qualität der Bilder ebenso wie das Handwerk und die Magie ihrer Entwicklung. Vor einem jeden gelungenen Abzug lagen langwierig tastende Durchgänge, Irrtümer, Fehler und Malheurs. Schließlich vertiefte ich mich in das *Zonensystem* von Ansel Adams, ein wahrlich dickes, großes Buch, und tauchte mit neuen Augen daraus auf, Augen, die die Welt wieder einmal wie das Ereignis einer neuen Sehordnung entdeckten. Nachdem das Bildhafte als solches mich angesprochen hatte und die Frage folgte, wie dieses zu belichten sei, damit nicht nur nichts davon verloren ginge, sondern es lebendig würde, übte ich intuitiv zu bestimmen, wie sich seine Lichteigenschaften zwischen weiß und schwarz auf den subtilen Abstufungen einer reichen Skala von Grautönen jeweils auffächerten. Danach erst war zu entscheiden, wie im Zusammenwirken von Kamerabelichtung und Filmentwicklung der gewünschte oder mögliche Lichtraum auszudehnen oder zu verkleinern war. All das hatte im Bruchteil einer Sekunde, also im Fotografieren zu geschehen.

Für eine bestimmte Zeit lenkte mich niemand und nichts davon ab, Fotografie zu erlernen in meinem Maß, als meine persönliche Passion. Das ländliche Leben, die Kinder neigten sich dem zu, sie waren im Bild, fast immer, aber man konnte kein Bild ein Kinderbild nennen. Niemals lächelte jemand in die Kamera. Ihre Körper blieben in ihrer Welt, auf ihren Spuren, bei ihren Entdeckungen und Abenteuern, auch bei ihren Ängsten und Alpträumen, oder meinen. Die eigenen Kindheitserinnerungen waren Teil der Geschichten, in die wir zusammen gerieten, die Kamera spielte mit, nahm sie ernst, stärkte den Augenblick. Als Fotografin nahm ich anders Anteil an ihnen denn als Mutter, sie führten mich zu den Bildern, so wie sie im Augenblick waren, selbstvergessen.

Diese so konzentrierte, nach innen gekehrte Zeit sollte nicht lange geschützt bleiben. Im Juli 1974 reiste ich nach Arles, Südfrankreich, um an dem Internationalen Festival für Fotografie teilzunehmen, von dem ich auf geradezu mittelalterliche Weise durch ein Plakat an einem Baum in der Provence im Vorjahr erfahren hatte. Helden aus der Fotogeschichte, in mir zu längst wahrscheinlich Verstorbenen monumentalisiert, erstanden dort zu leibhaftigen, überaus lebendigen Figuren, die dieses historische Festival zu einem unvergesslichen machten. Ansel Adams, Jacques-Henri Lartigue, Henri Cartier-Bresson, Brassaï – sie alle waren mit ihren Kameras gekommen, sie lebten und fotografierten noch, und ich fotografierte sie, wenn sie fotografierten, jeder auf seine Art. Macht das lebendige Auge unsterblich? Auf diesem internationalen Festival war ich 1974 die einzige Deutsche, was ein Licht auf einen gewissen Zustand der Fotografie in diesem Land warf. Was hatte der Krieg in Deutschland getrennt, zugeschnürt, unterbrochen und verstopft! In Frankreich dagegen erschien mir das Fotografische als Bild wie als Frage an die Wirklichkeit seit 1839 wie in einem geachteten Strom durch die großartige Landschaft von Kunst, Literatur und Philosophie zu ziehen. Heute kann sich das niemand mehr vorstellen, was es mir damals bedeutete, mich mit dieser kleinen Frage ‚Was ist wirklich?' als Teil von etwas außer mir in der Zeit Fließenden empfinden zu dürfen. Nun, nach den Weiten Amerikas, auch noch im Herzen Europas.

Ich fühlte mich in meiner Hingabe an die Poetik des Alltäglichen ermutigt und fotografierte weiterhin das Nächstliegende im Rahmen der Familie. Es war ein Balanceakt zwischen dem Schönen und seinem drohenden Gegenteil, der Idylle und ihrem Abgrund. An zwei Bildern will ich beschreiben, dass das bildhafte Sehen über die Form allein etwas als wirklich erkennen kann, bevor es sich als wahre Bedrohung herausstellt.

Auch in der Küche lag meine Kamera immer in Reichweite. Ich ergriff sie plötzlich, mitten im Kochen, da ich auf dem Esstisch ein Bild sah, das mich bannte. Der Kopf meines kleinen Sohnes war auf die hölzerne Platte gesunken, als sei er eingeschlafen. Seine Hand, das harte Licht, die silberne Gabel, das Salz, die Zeitung, alles lag wie einstimmig, aber alles andere als arglos zueinander. Indem ich das fotografierte, erkannte ich, dass tatsächlich etwas vorgefallen war. Er hatte eine ganze Flasche codeinhaltigen süßen Hustensaft getrunken und war sofort ins Krankenhaus zu bringen. Nicht ganz so schnell hätte der einfache Mutterblick die Gefahr erkannt. Ein anderes Beispiel ist *Franziska im Fall*. Das Bild zeigt ein kleines Wesen in einem hellen Regenmantel, das im Fallen gerade den Boden berührt und eine große zweiköpfige Gestalt in einem weiten dunklen Regenponcho, die sich darüber beugt, als wollten die ausgestreckten Hände es gerade noch halten. In der Kapuze hinten auf dem Rücken steckt ein kleineres Köpfchen. Die große Figur liegt fast im Dunklen, alle drei Gesichter sind nicht zu sehen. Was hat mich im Bruchteil dieses Augenblicks bewegt, dieses Bild aufzunehmen, und erst dann mich selbst zu beugen, um das Kind zu trösten? Es war der erste gemeinsame Spaziergang nach einer Kinderkrankheit gewesen, das Kind war noch schwach und der Vater mit seinem Sohn im Rucksack, beide eingehüllt in einem einzigen Regenponcho, war in diesem Fall schneller als die Mutter gewesen. Die Beziehung zwischen den dreien war im Bild geheimnisvoll und vieldeutig.

Im nächsten Jahr wurde meinen Bildern in Arles der 1. Preis für das beste Portfolio junger Fotografen verliehen. Eine Welle von Anfragen für Ausstellungen quer durch Europa kam ins Haus, gleichzeitig das Angebot, das Fotografie-Programm des „Salzburg College“ in Salzburg mit aufzubauen und dort zu unterrichten. In diesem Fall kamen mir sowohl sprachlich wie akademisch mein Master-Degree und auch die Jahre als Teaching-Assistent zugute. Beides kompensierte meine so junge fotografische Erfahrung.

Fotografie als Leben 1975–86

Ein amerikanischer Kollege riet, meinen durch das Mittelformat gewöhnten Blick mit einer Kleinbildkamera zu dynamisieren. Als wir 1975 das Land, die Gärten, das alte Haus verließen, um nach München zu ziehen, wuchs die kleine Kamera mir nur umso enger an den Körper. Von München aus reiste ich wöchentlich nach Salzburg. Die Leiterin des Salzburg College, Ina Stegen, schenkte als Kunsthistorikerin der Fotografie in ihrem amerikanischen College einen Ort, der internationale Impulse nach Salzburg holen sollte. Wie bedeutend sich diese Entscheidung für die österreichische Fotografie und den Standort Salzburg ausgewirkt hat, verfolgt man heute an dem Magnetfeld des fotografischen Zentrums, genannt „Fotohof", dessen begründende Mitglieder schon in den 70er Jahren mit dem Salzburg College eng verbunden waren.

Viele der amerikanischen Studenten kamen aus Rochester selbst, der legendären Hochburg der Fotografie. Sie waren nicht viel jünger als ich und nicht viel weniger erfahren in der Praxis des Fotografierens selbst. Es war ihr schnelles bildhaftes Übersetzungsvermögen, das in jeder Aufgabe den Keim für visuelle Lösungen entdeckte, die mich in ihrer Unbefangenheit und Flexibilität faszinierten. Sie waren meistens high und kommunizierten lieber durch zitierte Gedichtzeilen und gesummte Songs als durch abstraktes begriffliches Denken. Wir lernten voneinander. In Rochester hatte ich noch selbst bei einem Besuch einen Vortrag des legendären wissenschaftlichen Fotografen Harold Edgerton (1903–1990) gehört. Mit jugendlicher Passion zeigte er 1980 die Bilder seiner neuesten Entdeckung: Die komplizierteste Anordnung von Blitzlichtsequenzen und Kamerastandorten, die das bisher Unmögliche vollbringen, einer Fledermaus im Flug zuzuschauen, wenn sie einen hingeworfenen Wurm ergreift, ihn in ihren Bauchbeutel zwischenlagert und von dort herausbefördert, um ihn schließlich im Flug noch zu verschlingen. Über Jahre hatte er sich darauf vorbereitet, diese Irrlichter fotografisch zu besiegen. Seine Passion beeindruckte mich tief als die eigentliche wissenschaftliche Kreativität.

Das Leben war mir ein fotografisches geworden, sich selbst genügend, pionierhaft selbstbewusst, eben weil in Deutschland wie in Österreich so vieles nachzuholen, so viel Theorie noch nicht gedacht war, so viele Foto-Galerien erst zu gründen, soviel Anschluss nachzuvollziehen. Es hatte etwas Traumhaftes, in so direkter und ständiger Übersetzung zwischen Bild und Wirklichkeit zu gleiten. Regelmäßig luden wir Fotografen aus Europa und den USA zu Workshops ein. Um Teilnehmer brauchte man nicht zu werben. Diese Initiativen und dieser Austausch eröffneten vielen den ersten Blick auf die ganze Szene und wirkte sich speziell in Salzburg dahin aus, dass die von Oskar Kokoschka gegründete Internationale Sommerakademie, „Die Schule des Sehens", ab 1981 die Fotografie mit in ihr Kursprogramm aufnahm.

Ich hatte die Freude, von 1982–89 die Klasse fünfmal je fünf Wochen führen zu dürfen.

Die frühesten Morgenstunden wurden zu etwas wie der zuverlässigsten Ressource, um vor allen und allem anderen die Gedanken und Fragen aufzuschreiben, die das Fotografieren mir bescherte, für das Tagebuch ebenso wie für Zeitschriften, Vorträge und die gedankliche Vorbereitung auf die Arbeit mit den Studenten, die mir ebenso wichtig wurde wie das Fotografieren selbst. Ende der 70er Jahre war der häusliche Alltag noch immer auch von politischen Aktivitäten besetzt. Um den Esstisch saßen allabendlich die Gleichgesinnten, die unverdrossen Modelle zur gesellschaftlichen Einmischung und Reform diskutierten. Mein Mann unterrichtete damals politische Ökonomie an der TU. Wir wollten es auch als Mann und Frau richtig machen und bewältigten die Arbeitsteilung in der Familie vorbildlich. Er konnte jeden mit seinen Entwürfen eines idealen Sozialismus bezaubern und anstecken und rief eine 4. Welt-Kooperative ins Leben, eine umfassende Tauschbörse und ein biologisches Bauzentrum. Ganz leise und unprogrammatisch aber zog ich mich von all dem zurück und entwickelte eine verwirrende Ungeduld mit dieser sogenannten gesellschaftlichen Realität und den Theorien ihrer Veränderung. Je mehr ich in die Welt der Bilder tauchte, umso befremdeter fühlte ich mich in politischen Diskussionen. Die Denksysteme, die dahinterstanden, erschienen mir blass und wirklichkeitsfremd im Vergleich mit all dem Erlebbaren in der Welt des Bildes und all den Fragen an die Wahrnehmung zwischen Bild und Wirklichkeit. Auch schien ich schon verstanden zu haben, dass äußere Veränderungen innere voraussetzen. 1978 besuchte ich meinen ersten Yogakurs, während die Männer am Küchentisch diskutierten. Unserer jungen idealistischen Ehe bürdeten wir sehr viel Freiheit und Toleranz auf. Sie hielt das aus bis 1982.

Die ursprünglich philosophische Frage ‚Was ist wirklich?' und in ihr die Bildfrage ‚Was ist wirklich wirklich?' wurden zu der eigentlichen praktischen Herausforderung an das alltägliche Leben. Ob ein Tag mir gelungen und erfüllt, also wirklich erschien, maß ich mit dem Maß der poetischen Dichte. War ich präsent genug, der Raum in mir weit genug, um hinter dem sogenannten Alltäglichen, hinter der Konvention das bildhaft Andere und Eigentliche zu sehen und es, indem ich es fotografierte, auch wirklich sichtbar zu machen? Ob ich die Bilder gesehen hatte, die immer da waren und auf mich warteten, in nächster Nähe, das war das Kriterium für die eigene Lebendigkeit, für einen gelebten Tag. Ein zweites untrügliches Kriterium war das Befinden der Kinder. Ihrem klaren, ja unbarmherzigen Spiegel konnte ich nicht anders als mich zeigen und stellen.

1977 versammelte Allan Porter, der Herausgeber der damals wichtigsten europäischen Fotografiezeitschrift *Camera* vier Fotografen unter dem Titel *Eine fotografische Prosa*. Er beschied dieser neuen „erzählenden Fotografie“ eine große Zukunft, nannte sie „ein Kind der Literatur“ und unterschied sie streng von der Erzählform des fotografischen Journalismus oder der des Films. Als ausdrückliche Einzelbilder seien sie unabhängig von Texten und Titeln, und sie tauchten gerade überall in der Welt auf. Die einleitenden Sätze meines Begleittextes zu meinem Bildbeitrag erzählen von der Verwirrung einer Fotografin, die sich mit ihrer Bildsprache zwischen dem Privaten und dem Öffentlichen hin und her gerissen fühlte und bereit war, die Risiken der poetischen Fotografie auf sich zu nehmen und in den Bildern nicht Beweise äußerer Ereignisse, sondern das Ereignis der eigenen Lebendigkeit zu suchen.

aus: *Camera*, 1977

> … Wenn ich mit meiner Kamera einen neuen Raum betrete, scheint es mir, als hätte ich noch nie vorher fotografiert. Es gibt keine Zuständigkeit. Im ersten Moment beginnen die Zweifel und Aufregungen des Ausgesetztseins – mir selbst – dem Medium – der anfänglich immer chaotischen Wirklichkeit um mich. Alles steht im Weg, mein Selbstbewusstsein, der Apparat, die Ungeordnetheit der Dinge und ihre konventionelle Festlegung. Es herrscht Beziehungslosigkeit. Die Neugier und das Bedürfnis nach gesteigerter Teilnahme, auch das Vertrauen auf die Erinnerungen an meine Möglichkeiten, lebendig zu sein, bringen mich dann auf den Weg zu fotografieren. Wahrscheinlich sind es diese Erinnerungen an die Kindheit, welche die Maßstäbe für mein Bedürfnis nach Intensität der Erfahrung setzen. Dann folgt der Antrieb zu fotografieren, die Lust am Abenteuer des Glücks des Sichverlierens, eine Entdeckungsreise in die eigenen Reaktionen gegen die öffentliche Ordnung von der Übereinkunft über das Wesen der Wirklichkeit …

Die Fotografien, die damals entstanden, bescherten mir immer mehr Anschauung davon, dass sich über die Brücken der sinnlichen Wahrnehmung eine Wirklichkeit bildet, die es tatsächlich nur im Bild gibt, eine ganz eigene und unabhängige Bildwirklichkeit. Ausnahmslos jedes Bild ist gebaut aus dem Zusammenwirken der Phänomene Licht, Zeit und Raum. Fast systematisch beobachtete und ordnete ich das Spiel jedes einzelnen und sein Wirken mit den beiden anderen und durch sie. Die Art und Weise ebenso wie die Menge. Ich setzte voraus, dass eine jede Fotografie aus den bewussten oder unbewussten Entscheidungen ihres Fotografen hinsichtlich des Vorkommens von Licht, Zeit und Raum gemacht ist, auch unter Umständen aus der Entscheidung dagegen. Mit den Studenten übten wir diese Entscheidungen im Bild zu lesen und zu würdigen, ein Bild erst zu bewerten, wenn es in diesem Sinn vollständig gesehen und beschrieben ist.

Die bewegten 70er Jahre gingen nun schon dem Ende zu. Es war, als hätte alles gerade begonnen und wäre doch irgendwie immer auch gerade zu spät dran gewesen. Arglosigkeit wird einer Entwicklung nur solange gewährt, wie sie sich ihrer selbst unbewusst bleibt bzw. sie sich das leisten kann und nicht verdrängt. In den Lücken zwischen der Ungleichzeitigkeit und damit Verschobenheit verschiedener zeitlicher und räumlicher Entwicklungslinien gibt es diese Ruhezonen, nur dort. Das betraf auch die sich selbst reflektierende Fotografie und ihr Verhältnis zur Kunst. Die Fotografie in Deutschland war in diesem Sinne arglos, solange sie für sich selbst geschichtlich nachholte, was der Krieg unterbrochen hatte. In dem Augenblick, als sie sich die Frage der Kunst stellte oder diese Frage von dort an sie gestellt wurde, begann ein Stemmen und Heben, Drehen und Wenden, als ginge es ums Überleben und als gäbe es kein Entkommen. Die Gespräche mit meinen Kollegen in Deutschland erschienen mir in einer bestimmten Phase angestrengt. Man rang um die Definition der Fotografie als Kunst und um den eigenen Platz in einer konzeptuellen Landschaft, die keinen Raum mehr übrig ließ, das Bild selbst zu betrachten, so schien es mir. Wie über Nacht bildete sich eine eigene kunst- und medientheoretische Sprechweise heraus, die wie ein Netz über das fotografische Bild geworfen wurde und ihm vorübergehend den Atem nahm.

Fotografen befanden sich leicht in der Defensive. Ihr Medium war ihnen selbst noch so jung und im Gebrauch schwer zu unterscheiden, obwohl die Vorstellung einer digitalisierten Welt sie noch kaum, höchstens gedanklich, berührt und verunsichert haben mag. Gerade das Analoge, der Wirklichkeitsanspruch des einzelnen Augenblicks, die Macht der Dinge, und die Abhängigkeit des Fotografen von ihnen erschienen plötzlich nicht mehr das Verheißungsvolle, sondern das Verfängliche an der Fotografie zu repräsentieren. Hatten sie sich nicht gerade erst distanziert von all den Anwendungsmöglichkeiten ihrer eigenen Sprache, die sie eben nicht meinten, der piktoralen Tradition, dem sozialen Gebrauch, dem kommerziellen, dem grafischen, dem medialen, dem wissenschaftlichen? Hatten sie nicht gerade erst die ersten eigenen Schritte getan, sich der Elemente, der Geheimnisse und Zusammenhänge ihres fotografischen Blickes bewusst zu werden? Gerade war die Feinheit einer erkennbar eigenen Sprache entdeckt, da schien man schon darin gefangen und sich selbst als Hauptankläger mit der alten und neuen Frage nach der Zugehörigkeit zur Kunst vorgeführt.

Die ‚künstlerischen Fotografen' standen zwischen allen Fronten, auch auf der inneren und äußeren Anklagebank für den Gebrauch unerlaubter und fragwürdiger Schönheiten und Konservatismen. Gleichzeitig wurden sie umworben von Angeboten der Kunst, die Definition der Fotografie für sie zu übernehmen. Eine Fotografie, die allein, ohne Text, Titel, Unterschrift oder Kommentar, und nicht in der

Bildnachbarschaft einer Serie oder Sequenz zu betrachten ist, hat alles, was sie ausmachen könnte, in sich zu tragen. Das wurde ihr damals kaum mehr zugetraut. In diesen Zeiten der systematischen Reflexion entstand die Übereinkunft, jede ernstzunehmende Fotografie als bedacht zu markieren, sie zumindest in Anführungszeichen zu setzen, meist aber in einen konzeptuellen Zusammenhang, dem der primäre Entzifferungsvorgang galt. Die Erscheinungsform, in der sich das alleinstehende fotografische Bild zum Ausdruck bringen könnte, wurde auf diese Weise als seine eigene Falle, als ein Klischee fotografischer Ästhetik verdächtigt, der künstlerischen Infragestellung nicht genügen zu können, weil sie nicht über sich selbst hinausreichen und sich nicht selbst zerstören kann. Auf ihrem unbedingten Probestand wurde die Fotografie auf ihre Grenzen abgeklopft.

Fotografen haben eine eingeborene Neigung zum Schönen auf allen Ebenen ihres Wirkens, subtil bis plakativ. Versteht man das Fotografieren auch als einen mimetischen Prozess, gibt es auch eine Neigung zur Emphase, wie immer sie in diesem Vorgang der Wechselseitigkeit zwischen Wirklichkeit und Beobachter auch erscheinen mag. Liegen nicht innigste Korrespondenz und unbewusste Nachahmung so eng beieinander, dass es einer Art wissenden Güte auf Seiten des Betrachters bedarf, das jeweils zu unterscheiden? Der sprichwörtlichen Geduld der Fotografierenden dürfte im Idealfall die Geduld der Betrachter entsprechen. Für die postmodernen Methoden war aber dieser Idealfall nicht vorgesehen und konnte ihr auch kein Gegenstand sein. Von Geduld und Güte zu sprechen, wirkt in solchen Zeiten der methodischen Befragung missverständlich.

Dennoch, ausgerechnet in einer konzeptuellen Produzentengalerie, wurde dieser ‚Idealfall' 1982 von dem Berliner Künstler Dieter Hacker inszeniert: Rund vierzig im Abfall öffentlicher Fotolabors gefundener anonymer Fotografien waren von ihm ausgewählt, individuell und feierlich nach verschiedenen Konventionen gerahmt und unter das hohe Motto „Meisterwerke" gestellt worden. Der Künstler als Finder dieser Bilder schrieb dazu sinngemäß: Wären diese vierzig Bilder aus dem Werke eines einzigen Fotografen entnommen, so könnte man diesen wahrlich einen Meister der Fotografie nennen. So aber haben wir es mit vierzig kleineren Meistern zu tun, die allerdings ihr Bild nicht erkannten. Der Finder und Sammler als eigentlicher Autor schenkte den verworfenen, schlummernden Bildern den Glanz des Erwähltseins und der Bedeutung. Und siehe da: es waren, nein, wurden tatsächlich durchweg besondere Fotografien, die jede für sich rätselhaft und vieldeutig über einen Augenblick sprach, für den es einmal einen Anlass gegeben haben musste und der in dieser unerwartbaren Verewigung eine solch berechtigte Aufmerksamkeit auf sich zog, denn er war schön.

Gerne hätte ich damals alle diese Qualitäten versammelt auf meinem eigenen Kontaktbogen gefunden, und natürlich hätte ich so leben und arbeiten wollen, dass mir diese Vielfalt und Leichtigkeit, diese nur angedeuteten Präsenzen, dieser Schwebezustand zwischen den Wirklichkeiten erhalten bleiben könnte, unschuldige Qualitäten, die diese einzelnen, zufälligen, fotografischen Zettel so mühelos erreichten. Gerne wäre ich in diesem Sinn eine Meisterin der Fotografie gewesen. Aber wie konnte ich, wo ich doch die Fotografie zu gut kennengelernt hatte? Die Elemente ihrer Sprache, die Bedingungen ihres Gebrauchs, ihre auch nationale Geschichte, die Grenzkämpfe, die Theorien über all das, dann die eigene Zuständigkeit, die gerne sich verselbständigende Sehweise, die omnipräsente Reflexion?

Daraus musste die Frage folgen, wie könnte die ästhetische Beherrschung und Kontrolle des Bildes abgewendet werden, zumindest aufgeschoben? Mir war das Paradoxe dieser Absicht bewusst, aber wenigstens experimentieren wollte ich mit Versuchen, das fotografische Gestalten so weit wie möglich und, wenn auch nur im ersten Schritt, zu delegieren. In verschiedenen Arbeiten zwischen 1979 bis 1989 waren solche Umwege ablesbar, z.B. die *Speisewagenfenster* (ahnen statt sehen wegen der Beschleunigung), *Die Lehren der Natur* (Verdoppelung der Banalität und Verkehrung der Ordnung), *Brautprojekt* (Inszenierung von Zitat und Klischee) und *Siemensprojekt* (Bildschichtung).

Unbelastet von diesen auch dem Zeitgeist notwendig geschuldeten Versuchen und Projekten entstanden weiterhin einzelne Fotografien, wo immer ich mich befand. Nach wie vor waren sie meine unersetzbaren Lehrmeister. Wie sie einem einzigen, flüchtigen Augenblick erlauben, sich ausschließlich über die Bahnen seiner vorhandenen oder fehlenden Lichtstrahlen in eine vorbereitete Papierschicht zu brennen. Wie sich dieses Lichtbild bewährt, wenn es in den Grenzen seines eigenen Rahmens weder seine Gestalt noch seinen Gedanken noch seine Erzählung erschöpft. Wie es den Betrachter beansprucht und den Dialog ausdehnt. Eine Fotografie, die fasziniert, hat etwas in sich geordnet, das sich unvermittelt wie nachhaltig als das Andere schenkt, das auf die Realität, die Anlass des Fotografierens war, nicht mehr reduziert werden möchte. Diese Ordnung muss nicht als formale Komposition erscheinen. Sie schichtet sich vielmehr in den Grenzen des Bildes von der Tiefe auf die Oberfläche und umgekehrt als etwas, das Ähnliches mit Unähnlichem und Unähnliches mit Ähnlichem verbindet, sodass aus den Beziehungen alles Sichtbaren die Erzählung besteht. Die Zeit, die diese umspannt, entwickelt sich in den Illusionen räumlicher Schichten zur Wahrnehmung von Gleichzeitigkeit oder von zeitlicher Folge in die Vergangenheit oder Zukunft.

Erst 1978 begannen meine Erkundungen in die Fotografie und in die mich umgebende Wirklichkeit den Charakter von Projekten anzunehmen, die einen Anfang und ein Ende besaßen, einen Zusammenhang wie ein Thema, und einen gedanklichen Anlass, der gleichwertig aus dem fotografischen Zeitgeist wie aus den persönlichen Erfahrungen als Resümee entstanden war. Was für ein Unterfangen, ich wollte z.B. die Stadt München fotografieren, nein, ich wollte durch ihre Straßen laufen, den ganzen Tag, und dabei so leer werden, dass mich die Bilder finden. Welche Bilder das sein könnten, wusste ich noch nicht, nur welche es nicht sein durften. Zu lange schon hatte man alte Sehgewohnheiten und fotografische Haltungen problematisiert und wollte alles andere als auf überkommene Weise kommunizieren. Daraus entstand eine fast asketische Haltung in der Durchführung des Projekts. Die Ausschlusskriterien waren streng. Nichts, was die Stadt selbst von sich weiß, wollte ich zeigen. Nichts was als des Sehens würdig empfunden wird. Sehenswürdigkeiten. lem, Besonderem, Geheimem. Keine makabren Zufälle erwischen und auf nichts mit dem Finger zeigen. Was blieb übrig?

Dass mich die Bilder finden. Bilder, die da sind, wenn ich mich aussetze. Das größte Problem dabei war die eigene mitgebrachte Sprache. Sie war der eigentliche Ballast. Ich hatte ein dynamisches Kameraformat, das Rechteck einer kleinen Spiegelreflexkamera. Der gewählte Film war schwarzweiß. Meine Augen waren auf bestimmte Weisen geübt und von inneren Bildern geprägt. Licht und Schatten waren die Winke, auf die ich gewöhnt war, zuerst zu reagieren. Die Abzüge in der Dunkelkammer hatten ihre Art, reich an Kontrasten, nahe am Drama. Nicht zu sprechen von der Stimmungslage der eigenen Verfassung, in der man den Weg jeweils antrat, fast immer in der Früh um sechs Uhr. All das konnte im Weg sein und war jedes Mal anfänglich durch das Fotografieren selbst zu lösen und abzuarbeiten. Auch Ablenkungen galt es zu vermeiden. Nur ja niemandem begegnen, in kein Schaufenster schauen, nicht auf Dinge, kaum essen, auf nichts neugierig sein …

Durch diese Beschränkung einerseits und das lange Gehen und vorbehaltlose Schauen anderseits entstand ein Zustand von Selbstvergessenheit und Anteilnahme gleichzeitig, der mir ebenso am Herzen lag wie die Bilder selbst, die wenigen von den vielen, die meine Prüfung bestanden. Wenn ich heute die hohe Schachtel mit den gesamten Abzügen verschiedener Größe betrachte, gesellt sich zu den damaligen Kriterien ein neues, die Qualität des Ausdrucks und des Belegs von etwas, das vor 37 Jahren so war, wie es mir heute in den Bildern erscheint, oder besser, das mir vor 37 Jahren so erschienen sein muss, wie es die Bilder heute zum Ausdruck bringen. Wenn eine Fotografie etwas über eine weit zurückliegende Vergangenheit sagen darf, was ihre ureigenste Natur ist, kommt sie ganz und noch anders zu sich selbst.

DEUTSCHE BANK

JEANS

Dass diesem fast absolut gesetzten Interesse an der Wahrnehmung selbst, der Sehweise und dem fotografischen Prozess nicht notwendig eine Unverbindlichkeit und Beliebigkeit in Bezug auf das, was zu sagen war, folgte, lag daran, dass der Gestaltung selbst eine umso verbindlichere Rolle zukam. Und genau dieser Widerspruch zwischen inhaltlicher Unbestimmtheit und Desorientierung (‚Wo bin ich?') und ausdrücklicher Bildhaftigkeit sollte idealerweise die Wahrnehmung des Betrachters wecken.

Der Leiter der Neuen Sammlung in München, Klaus-Jürgen Sembach, hatte in seiner kurzen Amtszeit eine beachtliche fotografische Sammlung angelegt. Darum zeigte ich ihm 1979 meine Auswahl der München-Bilder und manche andere. Er tat einen mutigen Schritt. Er lud mich ein zu einer Ausstellung in seinem Haus, die ich mit Raoul Hausmann (1886–1971) teilen sollte, weil er meine Bilder dessen Fotografien verwandt empfände, soweit sie mit der Kamera gemacht seien. Hausmann hat viele seiner frühen dadaistischen Arbeiten auch kameralos gemacht, z.B. Collagen. Umso ausdrücklicher hatte er sich nach seinem Abschied vom Dadaismus ab 1927 der Fotografie und auch der Schriftstellerei zugewandt. Auch meine Bilder seien sehr deutlich und bewusst ‚mit der Kamera' gemacht, also fotografisch, und unser Blick zeige eine interessante Nähe. Ich verehrte Raoul Hausmann und kannte seine fotografischen Arbeiten gut. Dass meine jungen Bilder mit ihm in einen Vergleich und räumlichen Zusammenhang gebracht werden sollten, war eine große Freude. Die Ausstellung hatte den Titel *Kamerafotografie*.

aus: Ausstellungstext *Kamerafotografie*, 1979

> Die Fotografie und die Kamera – was haben die miteinander zu tun? Nichts? Alles? Oder nur das, was die Fotografie erniedrigen könnte: Ihre technischen, automatischen, realitäts- und marktabhängigen, bildkonsumierenden und endlos reproduzierenden Eigenschaften? Oder das, was sie seit dem ersten Tag ihrer Erfindung so magisch wirken lässt: die Kamera als das fast unmittelbare Mittel, das die Bedeutung der Erinnerung in der Konfrontation zwischen Wahrnehmung und Wirklichkeit so präzise beschreiben kann? / Die Fotografie und die Kamera haben nichts, manches, oder alles oben Genannte miteinander zu tun, die Beziehung ist kompliziert, und darum spricht man meist einfach von Fotografie und sagt damit so viel und so wenig, als spräche man von Schrift. / Es gibt eine Fotografie ohne Kamera. Ihr experimenteller Charakter erklärt, warum sie vor allem in den Zeiten der Erfindung der lichtempfindlichen Materialien und ihrer Fixierung im 19. Jahrhundert und in den zwanziger Jahren des 20. Jahrhunderts, den Jahren des so optimistischen Experimentierens, verbreitet war. Da Hausmanns fotografisches Werk zu trennen ist in eine experimentelle kameralose Fotografie und die in dieser Ausstellung vorgestellte, die durch die Kamera hindurch

> entstanden ist, wurde mit dem Titel ‚Kamerafotografie' der Versuch gemacht, genauer zu sagen, um was es sich handelt. Hausmanns späte Bilder aber sind nicht nur durch die Kamera geschaut, sondern der besonderen Vision der Kamera regelrecht anvertraut, wie es das avantgardistische Konzept der ‚Neuen Fotografen' forderte. Damit gewinnt der Begriff ‚Kamerafotografie' eine zusätzliche Dimension, die ich für meine Bilder übernehmen möchte. Ich wünsche mir, dass die Kamera sieht, was ich sah, bevor ich etwas davon weiß, und dass ein Bild festgehalten ist, bevor ich mich fragen kann, was denn das schon wieder für eine Einbildung war. Das hat nichts zu tun mit Kameratyp, -Größe oder -Kostbarkeit, sondern allein mit dem Bewusstsein für die Existenz der Kamera zwischen einer Person und einer Wirklichkeit, die in ihrem räumlichen und zeitlichen Fluss auf eine ordnende Reaktion wartet. Wesentlich also ist die Bedeutung der Kamera für die fotografischen Bilder, die illusionär und poetisch sind, so wie sie notwendig entstehen, wenn sinnliche Wahrnehmung sich einem technischen Mittel anvertraut, wenn also der Kamera ihre naheliegende Aufgabe, die Führung der reaktiven Intuition zugestanden wird.

Unter den Ausstellungen meines fotografischen Lebenslaufes gibt es einige, die ich als Stationen bezeichnen möchte, an und von denen ich Besonderes lernte. Der Kurator als Interpret und Inszenierer spielte damals noch keine so große Rolle, aber wenn ein erfahrener Museumsleiter diese Aufgabe übernahm, konnte die Zusammenarbeit zu einem Erlebnis werden, als hätte man miteinander musiziert. Eine andere Ausstellung aus dieser Zeit, die auf mich zurückwirkte, war eine kleinere Ausstellungsserie, initiiert von Ute Eskildsen im Museum Folkwang in Essen. Je eine Fotografin wurde vorgestellt. Mein Beitrag wurde mir zum Anlass, an die ganze Menge der Bilder, in denen meine Kinder vorkommen, noch einmal eine aktuelle Frage zu richten und diese Frage selbst auszustellen. Unter dem Übertitel und in der Spannbreite *Öffentliche Bilder von Privatem und private Bilder von Öffentlichem* war die Frage – nach welchen Kriterien hatte ich bisher diese Zuschreibungen verteilt? Wann hatte ich ein ‚Kinderbild' als öffentlich genug empfunden, um es nach außen zu zeigen, wann als zu privat? Woher hatte ich das Maß genommen? War da jemand zu schützen? Die Öffentlichkeit oder das Kind? Waren die bisher meist gezeigten Bilder wirklich die besseren Bilder?

Die Ausstellung selbst sollte diese Fragen beantworten bzw. der Betrachter, denn ich hatte beide gezeigt, die bekannten ebenso wie die unbekannten, zurückgehaltenen Bilder. Die Ersteren hingen offiziell in Passepartout und Rahmen an der Wand, die anderen lehnten rahmenlos darunter am Boden. Welches sind die besseren Fotografien? Oder wäre die Frage richtiger: Welche werden den Kindern gerechter? Durfte man das fragen? Ich fragte so zum ersten Mal. Natürlich gab es kein Ergebnis im Sinne einer Entscheidung der Zuschauer. Die Augen gingen von einer Reihe zur anderen und, so sagten die Besucher, da es keine grundsätzliche Antwort geben konnte, wurden die Fragen an das jeweilige Bild deutlicher.

Wann und warum hörte ich auf, meine Kinder zu fotografieren? Wie oft habe ich mich gefragt, warum ich jedes Kind unterschiedlich oft fotografiert habe und alle nur bis zu einem bestimmten Lebensalter. Ob es sie störte, ob ich ihnen zu nahe trat oder zu fern blieb. Sie selbst haben die Bilder ja erst sehr viel später gesehen. Auch von außen gab es widersprüchliche Reaktionen und Ratschläge: Bleib dabei, was du so gut kannst, halte diese Intimität, die Nähe, das Private … oder: schließe das ab, wende dich der Welt zu … Ein männlicher Ausstellungsbesucher konfrontierte mich bei einer Eröffnung, ob mir bewusst sei, wie erotisch diese Bilder wirkten. Mit diesem Wort tat er etwas dazu, was vorher nicht da gewesen war. Ich erschrak, konnte seine Motivation nicht erkennen und kein Argument gegen seine Anzüglichkeit finden.

Wenn nur einer einen Blick auf mein nacktes Kind im Bild werfen sollte und mit diesem Blick in mir einen Instinkt des Beschützens hervorrief, war es Anlass genug, das Fotografieren der Kinder noch grundsätzlicher zu überdenken. Schon immer hatten moralische Fragen die mütterliche Fotografin begleitet. Aber diese galten der Beziehung selbst, der so nahen Verknüpfung von Fotografin und Mutter. Diese Reaktion eines Betrachters hingegen war neu und bedeutete eine Zäsur.

1979 wurden wir deutschen „Visualisten", wie einige inzwischen im Gegensatz zu den Dokumentaristen und als Nachfahren der Piktoralisten bezeichnet wurden, während eines Symposiums der „Düsseldorfer Fototage" zusammen mit dem New Yorker Ralph Gibson ausgestellt. Man sieht, wie dicht und eilig die Theorie damals den Fotografen auf der Spur war, um mit ihnen oder manchmal auch über ihren Kopf hinweg die Strukturen, Ordnungen und Entwicklungen wie fotografische Schulen festzulegen. Jeder schien dem anderen seine Einsicht in das Wesen der Wirklichkeit, der angemessenen Wahrnehmung und der fotografischen Sprache, die diesem Auftrag entsprach, wie eine Forderung entgegenzuhalten.

Während dieses Symposiums hielt ich einen Vortrag mit dem Titel *Zu fotografieren ist die Entscheidung sich zu erinnern …* Die ausgestellten Fotografien von Zugfenstern in Speisewägen waren auch auf den regelmäßigen Reisen nach Salzburg in den frühen oder späten Dämmerungsstunden entstanden. An ihnen wollte ich sichtbar machen, von welcher Art Erinnerung ich in meinem Vortrag sprach.

Diese Serie gehörte zu den Versuchen, das fotografische Bild seinem eigenen Mechanismus zu überlassen und mich mit keinem selbstbewussten Blick einzumischen. Die Geschwindigkeit sollte Undeutlichkeit erzeugen, das Sehen sollte sich dem Ahnen unterstellen, Bilder sollten entstehen dürfen, die ich mir vorstellte nicht ausgelöst zu haben. Der Versuch glückte und scheiterte zugleich. Gerade die Stille innen, im Gegensatz zur bewegten Welt außen erzeugte eine besondere Konzentration. Aus dieser heraus war der Unterschied zwischen Ahnen und Sehen nicht mehr auszumachen. Überhaupt entpuppte sich die Konstellation eher wie die leise zugespitzte Illustration einer fotografischen Grundsituation: die passive Beobachterin, das Zugabteil wie eine große Camera obscura, das Zugfenster ein Objektiv, die Wirklichkeit draußen in ihrer eigenen Zeit still, aber in der selbstbeschleunigten Betrachtungsweise der Zugfahrerin wie ein Film vorbeiziehend. Ab und zu beugte sich ein wohlmeinender männlicher Fahrgast herüber und bedeutete mir, dass das doch nichts werden könne, nichts als Verwischungen und auch noch zu dunkel! Garantiert missglückte Fotos! – „Mein Herr, ich fotografiere ja die Verwischung und auch das Dunkle!"

Es erstaunte mich oft, dass niemand sah, was mich faszinierte, dieses ganze Theater des alten Speisewagens mit den weißen Leinentüchern, dem Holz, den Spiegeln und vor allem der Tischlampe, die wie eine Lichterscheinung durch die dämmrige Landschaft glitt. Auch lange vor den alle so absorbierenden Smartphones schauten nur wenige weiter als in die Zeitung oder über Teller und Tisch hinaus. Dabei ist doch das Zugabteil oder der Speisewagen ein so aufgeladener Raum, gefeiert und zitiert in der Literatur, im Film, im Gedächtnis. Wie viele Liebesbriefe sind darin geschrieben worden.

Einmal bat mich eine junge polnische Speisewagen-Kellnerin, deren Augen mir schon als leuchtend und abwesend aufgefallen waren, ihr einen Liebesbrief in Deutsch aufzusetzen. Sie hatte gewartet bis der Waggon leerer wurde. Dann setzte sie sich zu mir an den kleinen Tisch. Durch meine emphatischen Fragen wurde der Brief immer mutiger, die Sätze immer ehrlicher, der Geliebte immer anwesender. Nach dem Ende des Diktats steckte sie den Brief erleichtert in ihre Schürze, als hätte sie ihn selber bekommen. Und ich fühlte mich wie angesteckt. Ob sie ihn je abgeschickt hat, war nicht mehr wichtig.

Das Jahr 1980 bedeutete einen Einschnitt im persönlichen wie allgemeinen fotografischen Denken. Persönlich schien mir, dass meine Lehrzeit in Bezug auf das fotografische Sehen an sich zu Ende ging. Lang genug hatte sie gedauert, neun Jahre schauen und denken. Ging es nicht allen so, dass man sich plötzlich gedrängt fühlte zu fragen, was man mit all der problematisierten und verfeinerten Wahrnehmung denn nun wirklich zu sagen hatte? Wie man nun vor der Welt stand?

Eine weitere Ausstellung sprach diese Fragen an, indem sie unter dem Titel *Vorstellung und Wirklichkeit, 7 Aspekte subjektiver Fotografie* noch einmal das ‚Subjektive' in seinen historischen Bezug setzte (z.B. unterschieden von Otto Steinerts Begriff der „Subjektiven Fotografie") und es gegen die herrschenden, als beengend empfundenen Kunstkonzepte stellte. Dass sich ein Schriftsteller wie Dieter Wellershoff gewinnen ließ, im Katalog über die Fragen der fotografischen Sprache am Beispiel der gezeigten Bilder so ausführlich nachzudenken, so zuständig und so sicher wie nur ein schreibender Beobachter der Welt es vermag, zeigt, dass der Fotografie damals großes Interesse entgegenkam, auch von dieser reifen, kritischen Stimme. Die meisten Bildbeiträge in diesem Katalog sieht der Schriftsteller als Beispiele für die Inszenierung der eigenen Wahrnehmung als das eigentliche Thema des Bildes. So sehr die starke Bildsprache der Vorstellungskraft dient und damit begründet Wirklichkeit erzeugt, so hatte man sich doch schon die Frage gestellt, wo führt das hin?

Doch bevor diese Frage direkte Konsequenzen nach sich ziehen konnte, geschah etwas anderes: Wie über Nacht hatten postmoderne Gedanken in Europa Einzug genommen, die manche Fotografen übernahmen, wie aus Frust über die empfindlichen Begrenzungen der Kunstkonzepte, aber auch verführt von dem Wunsch, auch als Künstler sich endlich zu beweisen. Durch Oberflächenglanz, Form, Fülle und Format ließen sie ihre Schranken gegenüber dem schönen Schein der inszenierenden Werbungswelt fallen, integrierten sie als ironisches Zitat und nannten ihre Bilder nun „Inszenierte Fotografie". Sie feierten einen Erfolg in den Galerien, weil ihre Bilder endlich dem Tafelbild vergleichbar und verkäuflich wurden. Eine solche Fotografie kam dem Wunsch entgegen, endlich die ausschließliche Abhängigkeit von der vorgefundenen Wirklichkeit loszuwerden, der die Fotografie angeblich unterworfen gewesen war.

Es war überraschend, wieviel Fantasie plötzlich aufgebracht wurde, um Bilder nicht mehr zu finden, sondern zu machen. Ich entdeckte, dass Fantasie langweilen kann. Nur wenige Arbeiten zeigten anfänglich schon Anzeichen von subtileren Übergängen zwischen ‚gefunden' und ‚inszeniert', wenn die Inszenierung sich nicht auf das Außergewöhnliche, sondern auf das beobachtete Alltägliche bezog, das, nur durch leise Eindringlichkeit gesteigert, unheimlich wurde. Der wesentliche Unterschied zwischen inszenierter Fotografie und inszenierter Wahrnehmung wurde an diesen Beispielen deutlich.

Fast gleichzeitig wurde in London 1979 deutsche zeitgenössische Fotografie in The Photographers' Gallery gezeigt. Laut den Pressestimmen gehörten wir zu einem Zeitgeist, einem schon beschriebenen Trend, der als solcher gerade in der Öffentlichkeit als „New Subjectivity" oder „Visualism" bekannt wurde. In der Rückschau und schon auf angelsächsischem Boden musste ich ihnen leise recht geben, doch die Flüchtigkeit oder Gültigkeit solcher Zuschreibungen entdeckt sich natürlich erst im Laufe der Zeit, wenn der eigene Überblick den Zusammenhang relativiert oder bestätigt, den die jeweiligen Chronisten entwerfen. Die persönliche Stimmung zum Ende der 70er Jahre jedenfalls war hellwach, alles schien geöffnet und bereit überdacht zu werden.

Das Brautstück 1980–84

Das Jahr 1980 begann mit einem sechsmonatigen Aufenthalt mit meiner Familie in Cambridge, USA. Dort nahm das Projekt der Braut einen Anfang, das seine weiße Spur bis zu dem Foto des Brautengels zurück verfolgen lässt, das mein Großvater in meinem sechsten Lebensjahr aufgenommen hatte. Diese Reise fand zehn Jahre nach meinem fotografischen Beginn in Amerika statt, nach vielen Jahren Beschäftigung mit der amerikanischen Fotogeschichte, mit amerikanischen Fotostudenten, mit der amerikanischen Leichtigkeit des Sehens. Erst beim Packen der Koffer hatte sich die Braut als unübersehbares Thema vorgedrängt und gleichzeitig viele Vorausgedanken, was denn in Amerika, diesem fotogenen Land, noch zu sehen sei, vor allem ‚wie'. Ich kannte mich aus in den Bildern dieses Landes, in Fotografien, Gemälden, Filmen – wie war da noch im Jahre 1980 zu fotografieren?

Die Braut, die für mich später sehen und stehen sollte, war auch ein Kunstgriff, eine Inszenierung, eine Sehmöglichkeit, eine fotografische Reflexion, ein Bild-im-Bild-Verfahren, vielleicht auch eine Reaktion auf eine akute Befragung der Fotografie durch die Kunst und ihre Theorie. Sicher hätte ich 1980 die Braut nicht in Deutschland zu inszenieren gewagt, es hätte erst einmal keine Bühne gegeben. Amerika dient seit jeher unermüdlich, geschichtliche Gegenwart zu artikulieren und sich selbst darin als Zeitgenossin zu begegnen. Und als solche erregt man kein Aufsehen. Selbst wenn die Braut den Blick der Touristen nicht teilt und sich nicht über den Grand Canyon beugt, schaute ihr niemand nach. Die Amerikaner wundern sich nicht über Verkleidungen, jedenfalls zeigen sie ihre Neugier nicht. Das erleichterte meine Konzentration auf den Ort und den Zeitpunkt, an dem ich die Braut ins Bild stellen wollte. In die amerikanische Gegenwart. Die Kontinuität ihrer Präsenz im Bild erlaubte mir, prototypische Bilder von diesem Land zu machen, das ich sonst nicht mehr gewagt hätte zu fotografieren, aus respektvoller Furcht, Klischees zu vertiefen und aus Verehrung gegenüber den amerikanischen Fotografen. Das Klischee der Braut selbst erlöste ihre Standorte davon, wiedererkannt zu werden, selbst Bild zu sein. Klischees heben sich gegenseitig auf. Das hat mit der Art der Zeit

zu tun, die aus einer Fotografie spricht. Doppelte Klischees schenken sich zeitliche Widersprüche und einen fragwürdigen Anlass.

In diesem winterlichen Brautkleid und seinem strengen Schleier aus dem Jahr 1968 wurde es mir trotz andauernder größter Hitze möglich, die Welt mit den Augen der Braut, also durch den Schleier zu sehen und stellte die Braut selbst in das von ihr gesehene Bild in Umkehrung genau der Rolle, die ihr nach der Konvention zusteht. Innerhalb des Bildes von der Welt erhielt sie Sprache, Aktivität und Plattform, und sie begann zu verführen, durch ihren Blick auf die Welt und durch den Blick der Welt auf sie. Sie begann auch über sich nachzudenken, dieses aufzuschreiben und immer mehr Bühnen zu bespielen mit Auftritten, die ihr nicht geziemten, aber ihren Austausch mit der Welt dynamisierten, ohne dass sie den Schleier je wirklich ablegen konnte. Der Schleier markierte den Saum des Sehens zwischen innen und außen, bekannt und fremd, nah und fern, und war gleichzeitig Symbol eines bräutlichen Zustands, für den das missverständliche Wort Unschuld nicht nur in Vorzeiten gebräuchlich war.

Heute öffne ich die rote Blechkiste, in der die *Brautbilder* 1987 vom Goethe-Institut aus Brasilien zurückgeschickt wurden, um einen aktuelleren Blick darauf zu werfen. Und um festzustellen, dass, mit dem Abstand von 35 Jahren betrachtet, das Brautprojekt oder *Das Brautstück*, wie ich es damals nannte, als ein Paradebeispiel dienen kann für die sich hin und her-, vor- und zurückbeziehende und übergreifende Herangehensweise einer fotografischen Arbeit zu Beginn der 80er Jahre.

‚Meine' Fotografie allein schien mir damals dem sich aufdrängenden Thema nicht gewachsen. Mit dieser Einschätzung aus den Erfahrungen der 70er Jahre stand ich wieder einmal wie eine Anfängerin vor etwas Unbekanntem. Künstlerisch gesehen bedeutete ‚die Braut' einen surrealen Archetypus, existenziell eine Wirklichkeit und Möglichkeit in mir selbst, soziologisch-ethnographisch war sie der Prototyp des fremdbestimmten Opfers, fotografisch eine konventionell tabuisierte und klischeehafte Spezialität. All das zusammen machte das Drängende dieses Projekts aus, dem ich von Anfang an den Arbeitstitel *Das Brautstück* gab, eben weil es geschrieben, fotografiert und aufgeführt werden sollte. Nur so, in vielfachen Annäherungen, dachte ich der Braut gerecht werden zu können. Wie sonst war die sprachlose Daseinsform einer so begehrten weiblichen Figur, die dazu auch noch die meistfotografierte Frau der Welt ist, auf alle ihr selbst unmöglichen Weisen auszudrücken. Wie konnte ich sie befragen? Indem ich es gleich in mehreren Sprachen versuchte. *Die Braut am Rednerpult* – ausgerechnet – ist das fragilste unter allen Bildern. Jetzt spricht sie, doch nichts schützt sie vor ihren Zuhörern.

Ein ‚Stück' ist etwas, was man als Text lesen kann und wo man hingeht, um es aufgeführt zu sehen. Am Anfang eines gelesenen ‚Stückes' stehen szenische Anweisungen und das Register der handelnden Personen. Am Anfang einer Aufführung geht der Vorhang auf oder das Licht an. Mit dem *Brautstück* habe ich es nicht zu einer solch vollständigen und abrundenden theatralischen Aufführung gebracht. Angemessener war die offene Variante der ‚Performance', die, wie ich sie verstand, so hautnah neben dem Leben lief wie die Fotografie selbst, ohne gebaute Bühne und ohne wirksame Kontrolle über den Verlauf, vor allem das Ende. Die Braut trat in ihren Performances genau so rätselhaft auf wie an ihrem eigenen Hochzeitstag, der ursprünglich eigentlichen Aufführung, sie wusste keinen Rat. Der Auftritt selbst schenkte ihr keine Hoffnung auf einen Ausweg. Aber wenigstens befehligte sie die Fotografen, hielt sie in Schach, spielte ihre Rolle bewusst und machte sich die Fotografie zu eigen. 1983 führte ich in einer Münchner Galerie im Kontext einer feministisch gestimmten Initiative einiger Münchner Künstlerinnen gegen die auffällige und fragwürdige Kulturpolitik der Stadt eine Performance auf mit dem Titel: *Die Braut ist arbeitslos, aussichtslos aktiv nur im Ritual der großen Erwartung.*

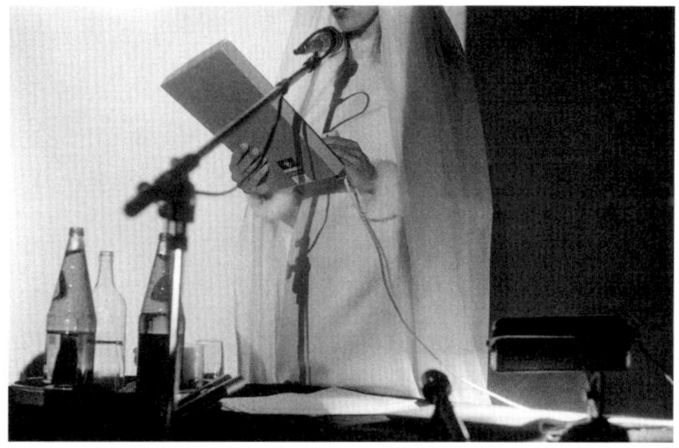

Die fast vierjährige Arbeit an der Braut war eigentlich eine einzige kontinuierliche Performance, eine dauernde Inszenierung eines Bildes hinein in die Welt. Die Braut fotografierte sich selbst, stand anderen Modell und führte sich auf – anfangs in den USA, später in Europa.

Von einigen befreundeten Fotografen hatte ich mich schon als Braut fotografieren lassen, aber vor einem Termin machte ich im letzten Augenblick kehrt. Ich war 1982 wegen eines Fotosymposiums in Paris und hatte die Gelegenheit nutzen wollen, ein altes Versprechen mit Helmut Newton einzulösen, das ich ihm schon 1976 gemacht hatte und nun mit der eigenen Vorgabe, ihm als Braut Modell zu stehen, verbinden wollte. Bereits 13 Jahre zuvor hatte er mir auf der *Fotokina* schon von weitem entgegen gerufen: „Sie möchte ich fotografieren!" Meine Irritation dauerte nur kurz, denn als ich ihm vorgestellt wurde, erkannte ich den professionellen Kontext. Ich versprach bei Gelegenheit in Paris vorbeizuschauen und dachte natürlich nicht im Ernst daran, das wahrzumachen. Aber bei dem abendlichen Eröffnungsfest führten wir lange Gespräche und ich staunte über seine offenen Bekenntnisse. Natürlich ging es oft um sein Verhältnis zum Weiblichen im weitesten Sinn, und ich meinte daraufhin seine Bilder anders zu sehen, sodass ich später eine längere Betrachtung über ihn im Kontext postmodernen Zeitgeists schrieb und als Vortrag im Wiener Museum moderner Kunst hielt. Titel: *Helmut Newton? – Im Schein des Scheins – Jenseits von Gut und Böse.* Abgedruckt wurde er 1986 in der Zeitschrift *Kairos.* Es war ein Versuch, die historische Kette der Bilder der Frau zurückzuführen, um die Bilder der Gegenwart besser verstehen zu können. An der Frauendarstellung hat sich schon immer der Zeitgeist entschieden.

Aber vorher, in Paris, bekam ich Angst auf dem Weg zu seinem Studio, wo wir einen Fototermin vereinbart hatten. Ein Brautbild von Helmut Newton hätte meinem ‚Stück' einen fremden Glanz hinzugefügt und mich selbst an eine Grenze geführt, vor der ich in letzter Sekunde zurückscheute. Mit jedem Schritt auf seine Straße zu ging ich langsamer und sagte dann von einer Telefonzelle aus ab. Vielleicht hatte ich schon zu viel über ihn nachgedacht. Verhältnismäßig viele seiner Fotos standen schon lange als Dias in meinen Vortrags-Bildkästen zu den Themen Fenster, Tür und Treppe und anderen räumlichen Elementen. Helmut Newton besaß eine geniale Begabung für die psychologische Bildwirkung architektonischer Elemente, die er als theatralische Situationen inszenierte, in denen seine berühmten Frauen ihre ambivalenten Rollen spielten. Hatte mir in Paris die künstlerische Radikalität gefehlt, mit allen Konsequenzen das Modell-Sein zu wagen?

Die Gratwanderung für die Fotografin als Braut und die Braut als Fotografin, zwischen Performance und Realität, war zu jedem Augenblick bedroht genug, und wenn ich mich einmal in dem ‚Stück' selbst befand, war es für einen Rückzug zu spät. Dann war es oft, als habe das Brautschicksal schon zugepackt. Wie in Graz, als meine fotografische Performance schon mit einem rauschenden Applaus begonnen hatte, nur weil ich im Brautkleid und mit Kamera und Stativ auf die Bühne trat. Eine Reaktion, mit der ich bei der Dramaturgie des Auftritts nicht gerechnet hatte und die mich augenblicklich in die Realität der Braut zurückwarf. Der Vortrag der Texte und Gedichte, die Projektion der Brautbilder und die regelmäßig unterbrechenden Selbstporträts neben den Kameraschüssen von Manfred Willmann, der tatsächlich im Smoking die Rolle von Fotograf und Bräutigam zugleich übernahm, forderte all meine Konzentration und eine Art verzweifelten Mut. So konnte ich diese erste Hürde der angerichteten Verwechslung zwischen Spiel und Wirklichkeit nehmen. Die *Braut am Rednerpult* hatte aber ohne Übergang am Schluss noch eine öffentliche Diskussion zu überstehen, deren erste männliche Frage war: „Sie sprechen nur von der Braut, ist das nicht etwas narzisstisch? Wo bleibt der Bräutigam und wie war die erste Nacht?“ Da konnte die Braut nicht schnell genug die Bühne verlassen und sich dieses Kleides entledigen. Im Fahrstuhl sprach mich ein Kunstkritiker an, den ich sehr schätzte: „Verena, was war das, ich habe nichts verstanden!“ Jahre später ließ er mich wissen, dass er inzwischen die Sache mit der Braut und meine Performance verstanden hätte und hochaktuell fände und damals einfach überfordert gewesen sei.

Nun, ich auch. Wann immer ich in der Verfolgung dieses Projekts dazu beitrug, dass die Braut auf ihre gesellschaftliche und psychische Realität reduziert werden konnte, hatte ich eben diese Konsequenzen zu tragen. Die Antwort auf das Bild kam prompt. Der Eindruck ihrer klischeehaften Erscheinung verhinderte ein tieferes Interesse an dem Schleier, dem Blick in den Raum zwischen innen und außen, der zeitlich so viel weiter reicht als räumlich, und an der Farbe Weiß, die alle Farben des Lichts in sich aufnimmt und zurückgibt. Genau diese Verdeckung war das eigentliche Thema jeder meiner bräutlichen Inszenierungen.

Die ‚Braut als Fotografin‘ emanzipiert sich, wenn sie sich selbst in die Welt stellt, dahin, wo diese ihr als Bild erscheint, und sie fotografiert sich selbst dort hineingestellt, wo sie immer die Fremde ist. Die ‚Fotografin als Braut‘ wiederum kann aber nicht darauf verzichten, die Welt an sich zu fotografieren, so wie diese nicht aufhört, ihr neben dem für sie selbst als Braut aufgestellten Stativ doch auch als ‚amerikanische Bilder‘ zu erscheinen. Sie konnte es nicht lassen.

XACO

Standard

Prestone

Die politische Braut 1982

Im Zuge der ‚amerikanischen Reise' im Sommer 1980, die meinem Brautprojekt ebenso wie den Erforschungen alternativer Bewegungen quer durch den Kontinent galt, nahmen wir als Familie an dem berühmten Rainbow-World-Peace-and-Healing-Gathering in Tennessee teil, das heute noch immer jedes zweite Jahr an einem anderen Ort stattfindet. Für zwei Wochen ließen sich viele tausend Menschen in einem jungfräulichen Tal nieder mit dem übergeordneten Ziel zu lernen, es genau so wie vorgefunden zu verlassen. Hippies, Indianer, Hillbillies, religiöse und spirituelle Gruppen, alternative Bewegungen medizinischer oder ökologischer Art, New Age Bewegungen. An einer Wegkreuzung gab es einen kleinen Menschenauflauf. In der Mitte stand eine weiß gekleidete schöne Frau auf einem weißen Tuch. Mit ihrem langen, dunklen, geflochtenen Zopf und der olivbraunen Hautfarbe hätte sie eine Indianerin oder eine Nordinderin sein können. Sie sang Lieder des Widerstands, eigene Gedichte nach eigener Komposition, wie ich später lernte. Obwohl meine Familie schon weitergezogen war, blieb ich gebannt von ihrer Schönheit und ihrem Ernst im überschaubaren Kreis der Zuhörer stehen.

Plötzlich wandte sie sich zu mir und fragte: „Do you know the White Rose?" Sie hatte mich nicht deutsch sprechen hören. „Very well. Why do you ask?" Sie unterbrach ihren Gesang und trat von ihrem weißen Tuch herunter. „My name is Noguns, Sophie Scholl is my absolute hero. She is almost unknown in the States. The German resistance is generally unknown here. I want to make her known by acting like her. Please, what do you know about her?"

Ich sagte, dass alle Deutschen etwas von ihr wüssten, dass das politikwissenschaftliche Institut unserer Münchner Universität und einige Schulen und Straßen nach ihr benannt seien, dass es Denkmäler gebe, Bücher, Filme und viele Anlässe, des deutschen Widerstands zu gedenken. Aber ich wüsste vielleicht etwas mehr, weil wir mit einem ihrer Mitstreiter befreundet seien, der im Zusammenhang mit der Weißen Rose im Gefängnis gesessen hätte, aber entkommen wäre. Er habe gerade das Institut „Die Weiße Rose" gegründet, um sich ganz der Arbeit ihres Gedenkens widmen zu können. Wir tauschten Adressen, und ich versprach nach meiner Rückkehr Informationen zu schicken. An dieser Wegkreuzung waren viele um mich herum nicht bekleidet, fast die Hälfte der Festivalgäste lief nackt durch das Tal und pendelte zwischen dem felsenreichen Gebirgsfluss und den Ständen und Aktionen verschiedenen Gruppen hin und her. Die Indianer selbst waren nicht mehr nackt. Sie veranstalteten große Gesprächskreise mit wandernder Pfeife und Rednerstock und lehrten die Kunst des Zuhörens. Jede der kostenlosen Feldküchen bot eine andere Ernährungsspezialität bis zur Survival Sprout Kitchen, in der Noguns vorführte, wie leicht Hunderte von Menschen mit nichts als ein paar Säcken Getreide vollständig ernährt werden konnten. Nur vom Lagerfeuer der Hillbillies, die mit ihren Pferden von den höheren Bergzonen herunter gekommen waren, verlockte der Duft von gebratenem Hammel. Die Menschen bewegten sich selbstverständlich wie in einem geteilten Traum von einem natürlichen Leben. Und mitten unter diesem Motto des Regenbogens fragt mich eine wie eine weiße Nonne gekleidete junge Frau nach der Weißen Rose. Die Hopi Indianer hätten ihr den Namen „Noguns" gegeben, weil sie seit zwölf Jahren als Friedens-Aktivistin zusammen mit ihrem damals neunjährigen Sohn „Bluestar" auf der Straße oder bei den Hopis gelebt habe. Keine Wohnung, kein Komfort bürgerlicher Existenz seitdem, nur weiße Bekleidungsstücke, alles kunstvoll selbst genäht und bestickt. Nach dieser ungewöhnlichen Begegnung wandte sie sich zurück auf ihre kleine Bühne, die ich später noch so gut kennenlernen sollte.

Zurück in Deutschland bemühte ich mich, ihr das Wichtigste über Sophie Scholl zu schicken. Wir blieben in einem lockeren Brief-Austausch, bis sie mich zwei Jahre später bat, sie während der großen Antinuclear-Demonstration in New York zu fotografieren, wo sie vorhabe, ihre Performances auf der Straße aufzuführen. Noch nie vorher habe sie jemandem erlaubt sie zu fotografieren. Ich sagte zu. Ich war noch zu sehr mit dem Brautstück beschäftigt, als dass ich dem Ruf dieser politischen Braut nicht hätte folgen können.

Im Juni 1982 tagte in New York in dem dunkelgläsernen Hochhaus der Vereinten Nationen am Ufer des East River die 2. UNO-Sonderabrüstungskonferenz (SSDII). Repräsentanten aller 156 UNO-Staaten diskutierten „spezielle Maßnahmen, um die Kriegsgefahr zu beseitigen, das Wettrüsten anzuhalten und umzukehren und substanziellen Fortschritt in der Abrüstung zu erreichen". Zudem hatten sich drei Monate vorher Sprecher von 79 außerparlamentarischen Organisationen in die Sprecherliste eingetragen und 40 Millionen persönliche Botschaften in Form von Briefen waren aus der ganzen Welt eingetroffen. Am 12. Juni um neun Uhr morgens bildeten ein paar Kinder, Männer und Frauen die erste Reihe des größten Friedens-Demonstrationszuges der Welt mit rund einer Million Menschen vor dem UNO-Gebäude. Als ich Noguns viele Tage davor am New Yorker Flughafen traf, war ich auf nichts, das da kommen sollte, vorbereitet.

Die Geschichte dieser Frau ist eine Sache, die Welt, die ich durch sie kennenlernte, eine andere, mein Selbstbeobachtung als Fotografin eine dritte. Auch weil die Begegnungen einen entscheidenden Einfluss auf mein Konzept für eine spätere Auftragsarbeit, das Fotoprojekt der Firma Siemens, hatten, möchte ich davon erzählen.

Wir lebten jede Nacht in einem anderen Apartment, bei anderen Freunden und Sympathisanten von Noguns, es gab wenig Schlaf in dieser Woche. Ich erinnere mich nicht an ein gemeinsames Essen, da Noguns schon bei meiner Ankunft seit drei Wochen radikal gefastet hatte. Meine eigene Ernährung muss im Vorbeigehen passiert sein. Ich begleitete sie nicht nur fotografisch, sondern blieb an ihrer Seite, aus einem Schutzinstinkt heraus ebenso wie in dem Gefühl, dass dies mein eigentlicher Auftrag sei. Eines Abends zogen wir zu einem heimlichen Treffen der Aktivisten in St. John's Cathedral. Es gab Berichte über die Verhandlungen mit den UN-Delegierten, deren großer Tag zur Abstimmung über die Atomwaffen noch vor uns lag und der eigentliche Anlass für die größte Demo New Yorks werden sollte. Der Sprecher der Hopi Indianer, Father Banyacya, berichtete über seine vergeblichen Bemühungen um eine Erlaubnis, vor der UN zu sprechen, wozu alle wichtigen NGOs eingeladen waren. Aber da er als Indianer nur einen Pass aus Federn besaß und sich nicht förmlich angemeldet hatte, wurde er trotz Einsatz und Drängens vieler Fürsprecher bisher nicht zugelassen. Ich erschrak, als ich plötzlich eine weiße Rose an dem roten Stirnband des Hopi-Ältesten befestigt sah, der in einem Rollstuhl ganz dicht an mir vorbeigeschoben wurde. Es war, als gäbe es keine Zufälle mehr, so aufgeladen, verdichtet und hochgespannt waren diese Tage. Dann trat die Witwe Martin Luther Kings auf und sprach den Aktivisten Mut zu. Ich wurde ihr vorgestellt und sollte von Sophie Scholl berichten. Später saßen wir mit Father Banyacya zusammen. Er erzählte mir von der Weisheit seines Volkes und von einer Prophezeiung für das Schicksal der Welt, die seit alters her in einen Fels geritzt sein sollte. Er zeichnete sie mir persönlich in mein Tagebuch. Als ich fünf Jahre später den Auftrag der Firma Siemens annahm, konnte ich nicht anders als mich an die Fragestellung erinnern, die in dieser Zeichnung enthalten war.

Vor dem UNO-Gebäude spitzte sich alles zu. Hier lag das Thema Hiroshima und Nagasaki aufgehäuft in einem viele Meter hohen Berg von Briefen aus Japan, gesendet von Japanern, die als Überlebende oder Nachkommen die Visa für die Einreise in die USA zum Anlass der UN-Vollversammlung beantragt und verwehrt bekommen hatten. Zwischen den Barrikaden, die das Gebäude schützen sollten, hatten sich die buddhistischen Wandermönche einen prominenten Platz erobert, von dem aus sie Tag und Nacht gegen die gläsernen Fassaden des UN-Hochhauses antrommelten. Sie waren zu Fuß von Ostasien aufgebrochen. Jeder Schritt war von Trommeln begleitet. Einige hatten sogar in hohem Alter diesen Gedenkmarsch durch die Welt bewältigt. Ich erinnere mich nicht mehr an die Dauer des Marsches.

Und immer wieder raunte man sich unter den eingeweihten Aktivisten zu „Did Father Banyacya make it?“ – „No, we are still trying!“ Ganz New York schien sich wie in einem Fieber auf den großen Tag der Demonstration vorzubereiten, als würde von nichts anderem gesprochen. Das Gefühl des Verbundenseins, der Vernetzung und sogar der Eindruck, geführt zu werden, so dass man immer am rechten Ort erschien, den richtigen Menschen traf, sich nicht verlor, nichts verpasste, war eine Erfahrung von geteilter Gegenwärtigkeit. Konzentration und Intuition lenkten die Schritte. Handys hätten eine solche Verbundenheit nicht erschaffen können, die die ganze Stadt in einer einzigen konzertierten Energie ergriff.

Die Bilder von Hiroshima mahnten auf den Plakaten, bis schließlich in einer Kinoveranstaltung das Grauen näher als vorstellbar vorgeführt wurde. Es war die Premiere eines Films, den das italienische Fernsehen der amerikanischen Regierung nach langem Bemühen abgekauft und in dieser Kino-Fassung aus unendlichen Filmrollen zusammengeschnitten hatte. Der ursprüngliche Autor des gesamten Filmmaterials war anwesend, ein 85 Jahre alter ehemaliger Leutnant, den die amerikanische Regierung mit einigen Filmrollen am Tag nach dem Abwurf der Bombe nach Hiroshima und Nagasaki geschickt hatte, um den vermuteten physischen Schaden zu filmen. Er hatte anfänglich nur wenig Filmmaterial bei sich gehabt, weil der Auftrag nur lautete, den Wirkungskreis der Bombe zu dokumentieren. Erst an Ort und Stelle wurde er der Strahlenwirklichkeit gewahr und sandte umgehend den Helikopter zurück mit dem Auftrag, um ein Vieles mehr an Filmrollen herbeizuschaffen. Davor habe niemand gewusst, was diese Bombe in Wirklichkeit angerichtet habe. Dass er sich dann selbst viele Tage der Verstrahlung aussetzte, indem er filmend die ganze Stadt durchwanderte, kam damals noch nicht in sein Bewusstsein. Mit all diesen Filmrollen und traumatisiert von den entsprechenden Eindrücken kam er nach Washington zurück. Das gesamte Material wurde schon am Flughafen konfisziert und in unzugänglichen Archiven verwahrt, ihm selbst wurde absolute Schweigepflicht auferlegt. Er sah seinen Film jetzt zum ersten Mal. Nach der Vorführung sprach er lange. Wenn der Film schon erschütternd gewesen war, so wirkten seine Präsenz und seine Geschichte dazu so überwältigend, dass sie tief in meine Erinnerung gegraben sind.

Über seine persönliche Not zu berichten, war er zu scheu. Immer wieder habe er Vorstöße gemacht, an die Filme zu kommen und die Sache ans Licht zu bringen, doch es habe bis heute gedauert, bis die Zuständigen die Augen geöffnet hätten für ihre Verantwortung, nun endlich aus dem Archiv des Verdrängens zu heben, was eine Atombombe in Wirklichkeit anrichtet. Wie konnte es dann geschehen, dass die meisten Überlebenden, die daran hatten erinnern wollen, zu diesem Anlass nicht ins Land gelassen wurden? Ihre Briefe mahnten. Jemand aus dem Publikum fragte „And you, how have you survived?" Der alte Mann gestand erst da, er habe seit langem Krebs und nicht mehr lange zu leben. Es sei für ihn ein großer Augenblick und der größte Trost, dass er nun doch noch die Vorführung seines Films erleben könne. Er halte noch jede Szene des gesamten Filmmaterials in Erinnerung.

Wieder war Geschichte auf einen Punkt zusammengeschmolzen und wir wussten nicht, wie uns geschah.

Mein Auftrag, Noguns in diesen New Yorker Tagen fotografisch zu begleiten, kannte keinen neutralen Boden, keine Instanz, die hinter mir gestanden hätte wie ein Dritter, ein Auftraggeber, eine Zeitung, ein Förderer. Der Auftrag stand zwischen uns, er kam von ihr, da sie sich monatelang auf diesen Auftritt vorbereitet hatte und ihre historische Stunde gekommen sah, und er kam aus mir selbst heraus als eine tiefe Motivation, das Rätsel ‚Braut' auch in dieser politischen Dimension zu ergründen. Als ich mich zwei Jahre vorher selbst in den USA als Braut aufgeführt hatte, war mir aufgefallen, dass niemand zuschaute, ich fühlte mich unbeobachtet und frei in der Verkleidung. Umso erstaunlicher war das Aufsehen, das Noguns erregte. Selbst in der Metro waren alle Augen auf sie, die weiße Frau, gerichtet, auf den Straßen schaute man ihr nach. Ihre Präsenz war still und rätselhaft, ihre Sprache faszinierend und eindringlich, der Raum, aus dem sie sprach, war wie aus einer anderen Welt, und ihre politische Analyse selbstsicher, radikal und unumstößlich. In den ersten Tagen galt meine Konzentration hauptsächlich der Herausforderung, sie verstehen zu lernen. Auch ihre Biographie. Ihr Verhältnis zu dem Sohn. Auch er war monatelang auf diesen Auftritt vorbereitet worden, der zwölfjährige wilde Kerl sollte immer an ihrer Seite sein und auf dem weißen Tuch sitzen, während sie spielte. Sie hatte ein großes Repertoire an Liedern, aber auch gestische Stücke, die sie wie eine Pantomimin in der stillen Zeichensprache der Hopis in die Straßenschluchten schickte.

POLICE DEPT

Die Orte, an denen sie ihre weiße Bühne ausbreiten wollte, waren genau vorbereitet, Tag für Tag, der Stadtplan mit den Kreuzen und Daten war der einzige Plan in diesen fließenden Tagen. Ich lernte, dass sie italienischer Abstammung war und ihre Friedensarbeit lange Zeit mit großer Vehemenz gegen die Produktion von Kriegsspielzeug gerichtet hatte. Daher ihr Name, der inzwischen wirklich ihr Name geworden war. Ihre Lebensweise war ein Versuch, ihrem Ideal von Reinheit zu entsprechen. In New York, zu diesem historischen Zeitpunkt, brach das System zusammen. Erst an ihrem Sohn, der ihr die Widersprüche vorlebte, dann an ihr selbst. Bluestar wurde von Demonstranten gefüttert, auch mit viel Süßem, was zu einem Konflikt zwischen Mutter und Sohn führte, da er plötzlich gegen ihre Verabredungen handelte. Er hatte noch nie Zucker bekommen, so exklusiv hatten sie gelebt, und nun ging er plötzlich durch Süßes stimuliert über alle Grenzen, hyperaktiv und kaum zu bremsen. Ich war auch zwischen den beiden im Auftrag. Es gibt eine Aufnahme von einem Moment, der die Spannung demonstrierte. Jemand hatte ihm während ihrer Performance ausgerechnet ein Kriegsspielzeug zugesteckt. Er war fasziniert und saß mit dem feindlichen Gegenstand zu Füßen seiner Mutter Noguns, während sie über den Pazifismus sang.

Meine Arbeit mit Noguns wurde im Lauf der Tage schwerer, weil ich Veränderungen in ihrem Wesen beobachtete, die mich alarmierten. Sie fastete nun schon die vierte Woche, trank Kaffee und Orangensaft. Mir schien, sie wurde in ihren öffentlichen Reden und Auftritten aggressiver und wirkte zunehmend abgeschlossen gegenüber anderen möglichen Wahrnehmungen und auch meinen Vermittlungsversuchen. Ich entdeckte in ihren Augen eine Glut, die mich und jeden, sogar ihren Sohn, ausschloss und ängstigte. Am großen Tag der UN-Vollversammlung, am Tag der größten Friedensdemonstration, in der rund eine Million Menschen in aufwendig hergestellten Umzügen und Gruppierungen durch die Straßen zogen, als niemand nicht wenigstens am Rand der Straße zu stehen schien und keiner an seinem normalen Arbeitsplatz vorstellbar war, bewegte sich Noguns wie in Trance und verkündete plötzlich ins Mikrofon, angefeuert von einem überdrehten eitlen Aktivisten, dass sie sich vor dem UN-Gebäude öffentlich die Haare scheren lassen wolle. Sie verstand das als ihr letztes Gebet und Opfer. Ihre Haare hingen bis über die Hüfte. Ich sah Bluestar, wie er ihr die Schere entriss und in verzweifelter Wut versuchte, sie an den rotweiß gestreiften Barrikaden stumpf zu schaben, wie er vor ihr kniete und sie mit aufgerissenen Augen beschwor, auf ihn zu hören. Es muss für ihn gewesen sein, als

ob sich seine Mutter Gewalt antäte. Von diesen Augenblicken machte ich meine letzten Aufnahmen.

Ich zwängte mich durch die Barrikaden zu ihr durch, um sie aufzuwecken aus ihrem Wahn, und musste erkennen, dass sie nun in eine eigene Wirklichkeit abgetaucht und nicht mehr zu erreichen war. Sie hatte die Augen geschlossen. Ich sah sie noch sehr langsam und sorgfältig die Haare in viele kleine Zöpfe flechten. Ich hörte noch ihren Befehl an den lauten Anfeuerer, einen Zopf nach dem anderen direkt auf der Kopfhaut abzuschneiden. Es war ein langsamer Prozess, marktschreierisch begleitet von der schrillen Stimme ihres Helfers, der sein Mikrofon um den Hals trug und ihren Akt wie eine Sensation anpries.

„Noguns, wake up, you are betraying your purpose, it is cheap what he is making you do!“ Das waren meine letzten Sätze, bevor ich sie verließ.

Ich erinnere mich nicht mehr, wo mein Gepäck war, wo mein letztes Bett, nur dass ich plötzlich im Zug nach Boston und ein paar Stunden später in der vertrauten Wohnung einer Freundin, Joan Brigham, in Cambridge saß, die wunderbar poetische Hightech-Skulpturen aus Wind und Dampf und Projektionen baute. Bis spät in die Nacht hörte sie meinen New York-Geschichten zu. Wir dachten gemeinsam nach über die Grenze zwischen Radikalität und Fanatismus, deren Verschiebung ich so präzise hatte beobachten können. Auch war sie als Professorin für Kunstgeschichte regelrecht zuständig für die Rolle der Braut in der Geschichte der Kunst. Diese Gespräche halfen mir, Ordnung in die Überzahl von Eindrücken zu bringen und aus dem Bann der Ereignisse herauszutreten. Noguns, so erzählte mir später einer ihrer Freunde, habe ihren Vater, der beim Militär in hoher Stellung gewesen sei, abgrundtief gehasst. Sie habe diesen Hass auf das gesamte männliche Prinzip übertragen und nicht mehr unterscheiden können.

Nach meiner Rückkehr schickte ich ihr einen Berg von Abzügen, wie versprochen, und hörte nur noch einmal von ihr, dass sie noch immer fastete und bereit sei, bis zum Ende zu gehen. Ich weiß nicht, ob sie noch lebt. Auch diese Bilder habe ich nie veröffentlicht, weil ich das angemessen Öffentliche daran nicht formulieren konnte. Nur Bilder von der Demo, von den Japanern und Hiroshima und Father Banyacyas Pass aus Federn? Ich verdankte Noguns einen besonderen Zugang, die meisten Informationen und Erlebnisse. Ohne ihre Geschichte zu erzählen, hätte ich von ihrer Besonderheit profitiert, obwohl ich in Bezug auf die Demo selbst auch allein wie eine Reporterin unterwegs gewesen war.

Eine Story über Noguns? Das schien mir gegen unseren ungeschriebenen Vertrag zu sein, gegen den Auftrag und gegen ihr Interesse und darum in der Wirkung voyeuristisch, was wiederum genau die Möglichkeit einer Wirkung von Fotografie ist, der ich grundsätzlich aus dem Weg gehe.

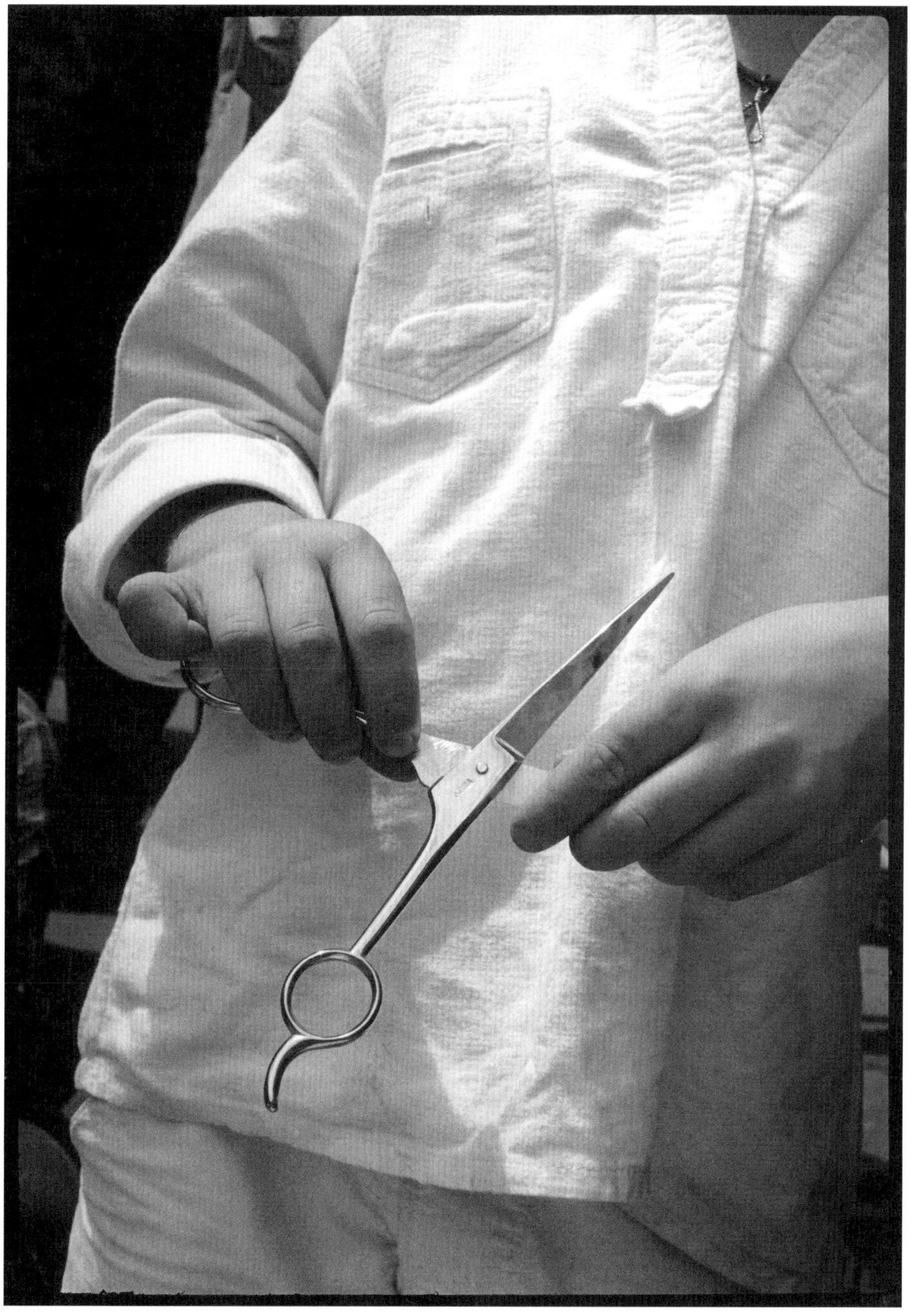

Nur einmal habe ich später einmal ein paar Bilder von ihr entlassen. Der italienische Fotograf Luigi Ghirri hatte mich zu einer von ihm kuratierten Gruppenausstellung in Mailand eingeladen. Sein Bote erschien in meinem Studio, um die Bilder zu übernehmen. Der Ablauf war ungewöhnlich formlos. Ich packte ihm einen großen Koffer mit einundzwanzig kleineren gerahmten Bildern, die zusammen drei Tableaus ergeben sollten, und er versprach sie in demselben Koffer zurückzubringen. In der geplanten Anordnung der Serie hatten einige Bilder von Noguns einen unerklärten Platz. Während der Ausstellungszeit hörte ich von Luigis unerwartetem Tod. Die Bilder kamen nie zurück, ich hatte keinerlei Unterlagen, da die formlose Handhabung aus Freundschaft zu ihm entstanden war. Die Gruppe hatte sich aufgelöst, niemand wusste etwas von dem Verbleib meiner Bilder, von dem Boten, von dem Koffer, von der Ausstellung. Durch Luigis Tod war ich wie gelähmt, weiter zu recherchieren, vor allem wollte ich Luigis Frau damit nicht belasten.

Dass ich heute über dieses New York-Projekt und über Noguns schreiben kann, liegt an dem zeitlichen Abstand von dreiunddreißig Jahren und dem aktuellen Kontext, in dem es seinen Platz hat. Das Projekt war ein persönlicher Auftrag, der an der fragilen Grenze zwischen privat und öffentlich entlang tastend in einer Stadt zu erfüllen war, die auf dem Höhepunkt ihrer Möglichkeiten, einen gemeinsamen Ausdruck für ein geteiltes Ziel zu finden, dieses demonstrierte. Die entstandenen Bilder und die Erinnerungen waren nicht einfach abzuhaken oder an einen anderen Auftraggeber weiterzugeben. Sie blieben bei mir, die Arbeit mit Noguns wurde Teil meines eigenen *Brautstückes* und meines Nachdenkens darüber. Und Hiroshima, worüber ich einen ganzen Berg von Dokumentationsmaterial mit nach Hause brachte, war näher gerückt als je zuvor.

Der Auftritt der Braut, auch der politischen, war insgesamt ein prekäres Stück, weil es notwendig ungelöst und unvollendet bleiben musste. Mit der letzten Performance in München hätte ein Abschluss gefunden werden sollen, ohne die Antwort auf die Frage nach dem Blick durch den Schleier zu kennen. Den Schleier endlich abzuschneiden, war ein letzter Versuch, das Zeitalter der Aufklärung einzuläuten. Ihre Schritte wurden zwar leichter, aber ihre Hände wickelten den verbliebenen weißen Stoff um den Kopf. So eilte sie aus dem Labyrinth. Das war kein Happy End. Nur Suspension. Ich wollte weitere Performances erdenken, in denen die Braut sich vor aller Augen Schritt für Schritt entpuppen könne, heraussteigen aus der Wolke in Duchamps *Großem Glas*, Abschied nehmen vom Beruf, die meistfotografierte Frau zu sein.

Aber eine Wendung trat in mein Leben, die dem Braut-Stand, so künstlich er war, ein natürliches Ende bereitete. 1985 wurde Teresa geboren. Meine Kinder aus erster Ehe waren inzwischen zwölf und fünfzehn Jahre alt. 1988 kam Teresas Bruder Leonard zur Welt. Otto Steidle und ich waren schon länger ein Paar geworden. Ich möchte mich hüten, meine Familien- statt meiner Fotografiegeschichte zu schreiben, aber ab und zu muss durchscheinen, was so untrennbar übereinander lag.

Noch befinden wir uns in den 80er Jahren und ich wende mich der Profession des Unterrichtens zu, die in meiner Arbeit vielleicht am ehesten diesen Namen verdient und der ich seit 1975 ebenso viel Aufmerksamkeit widmete wie dem Fotografieren selbst.

Lernen und Lehren 1975–91

Wie konnte ich geradezu dankbar darüber sein, die Fotografie nicht studiert zu haben, doch Sinn darin finden, andere zu unterrichten? Was ich mit den Studenten teilte, war kein Unterrichten im üblichen Sinn, auch wenn die Situation, Organisation und Institution ganz danach aussahen. Neben festen Anstellungen gab es überall in Europa Workshops an Fotoschulen und Akademien und durch Goetheinstitute auch auf anderen Kontinenten.

Ungebunden an einen Lehrplan und ohne Verwaltungspflichten nahm ich mir die Freiheit, die Studenten und Teilnehmer als Gäste zu betrachten, sie aufmerksam zu machen für ihre eigene Gegenwart, für ihre Herkunft, für ihr Gepäck. Sie zu ermutigen, in ihren mitgebrachten Bildern das Eigene und das Allgemeine zu lesen und unterscheiden zu lernen. Ihr Vokabular zu erweitern, um genau das zu beschreiben. Ich bot ihnen an, entlang bestimmter fotografischer Übungen und Aufgaben ästhetische Vorbehalte und Begrenzungen abzulegen und auch eine andere Handhabung von Kritik zu ertragen und zu üben.

Kritik

Von meinem eigenen Architekturstudium war mir der sogenannte Gastvortrag am nachhaltigsten im Gedächtnis geblieben. Das ganze lebendige Paket eines solchen Besuches und Auftritts, Person, Stimme und Sprache, die Struktur des Vortrags, die Bildfolge der Projektionen, wahrgenommene Unsicherheiten und Widersprüche, das Selbstverständnis des Vortragenden, das Spektrum an Lösungsmöglichkeiten. Was hatte eine bestimmte Architektur mit ihrem Architekten zu tun? Ermutigt von der Erinnerung an diese vorgetragene Lebendigkeit und Komplexität erzählte ich den Studenten auch von meinen Arbeitsprozessen, zeigte meine eigenen Bilder und erklärte die Sprache, die ich als die einzig verbindliche vor einem Bild kannte. Das war die Voraussetzung und Grundlage für die Art von kritischer Kommunikation, die die europäischen Teilnehmer anfänglich eher überraschte, sogar überforderte. Fast jeder zog eine Kritik unter vier Augen vor, anstatt vor den Augen und Ohren der anderen sich zu ‚entblößen'.

Dass es aber ein anderes Verständnis von Kritik und eine ganz andere Praxis dafür geben konnte als die gefürchtete, hatte ich während meines Studiums in den USA als angelsächsische Tradition kennengelernt. Das Wort ‚critique' bezeichnete ein Ereignis viel mehr als die Tätigkeit des Kritikers, es bedeutete vorrangig eine Begegnung, den Anlass als Termin, den Raum, das Bilder-Auslegen, das Warten und die Bereitschaft zuzuhören und selbst Stellung zu beziehen. Dieser Termin fand fast immer gemeinsam oder am Semesterende gar öffentlich unter Hinzuziehung schulfremder Experten statt. Es forderte den Kritiker ebenso wie den Kritisierten gleichermaßen, die Transparenz der Situation zu wahren und die stille Vereinbarung anzuerkennen, dass es die Aufgabe der Kritik sei, dem Bild gegenüberzutreten wie in einer Begegnung, face to face, und das, was zu betrachten war, vollständig und umfassend zu lesen und die Lesart selbst zu begründen. Das konnte atemberaubend spannend sein. Die Bereicherung besiegte die Furcht vor dem Versagen, wohl auf beiden Seiten.

Zu jenem Zeitpunkt war Susan Sonntags kulturphilosophischer Aufsatz *Against Interpretation* schon zehn Jahre alt, aber auch 1972 noch akut und ist bis heute aktuell. In Reaktion auf die damals seit Anfang der 60er Jahre herrschenden Tendenzen der konzeptuellen Kunstauffassungen und vor allem ihrer missverstandenen Popularisierung legte Susan Sonntag in diesem Aufsatz Zugänge zur Wahrnehmung und Kritik des Kunstwerks frei, die wie verschüttet und intellektuell verpönt waren. Das Bild, das in Erscheinung tritt, drohte auf der Bühne der Theorie übersehen oder überdeutet zu werden. Susan Sonntag schrieb: „… Interpretation ist die Rache des Intellekts gegen die Kunst." Was sie vor allem am Beispiel der Filmkritik erklärte, stimmte auch für die Fotografie. Gerade diese fördert die Anwendung von unbegrenzten, vorgefassten Interpretationsmustern und Theorien, um konzeptuelle Bedeutungen und Inhalte oder die Story selbst herauszuschälen und zu bewerten und dabei vergessen zu machen, dass ein Bild allein auch ein Leben hat. Damit ist nicht gesagt, dass der gesunde Menschenverstand oder die natürliche Empathie für eine verständige Wahrnehmung des Bildes ausreichen würden. Oder das Studium der Form allein. Im Gegenteil, je geübter das Bildbewusstsein, je vollständiger die Bildauffassung, je reicher der Erinnerungsschatz und mit ihm die Vergleichsmöglichkeit, umso selbstverständlicher folgt das Auge der Form bis zum Ende des Benennbaren und auch des Belegbaren, um dort den eigentlichen Inhalt vorzufinden. Und das ist die Wirklichkeit der Oberfläche des Bildes, auf die man den Finger legen kann, auf unterschiedslos alles, was sich zeigt und was wie auch immer entschieden wurde.

Licht – Zeit – Raum Wenn zwischen einem hellen und einem dunklen Raum die Tür aufgeht, dringt der lichte Bereich in den dunklen, niemals umgekehrt. Schwingt die Tür in den dunklen Raum hinein, zeichnet sich in diesem am Boden ein präzises, helles Dreieck. Schwingt sie vom dunklen in den hellen, dann dringt das Licht kontinuierlich in sanften abnehmenden Stufen in das Dunkle vor, entsprechend dem Einlass der Tür und der Intensität der Helligkeit. Was für eine surreale Erscheinung wäre ein schwarzes Dreieck im lichten Raum. Das Dunkle an sich ist also ohne Ausdehnung und Dynamik. Warum wird es dann gefürchtet? Ein Kind wird nicht gelehrt, die Nuancen des Dunklen zu unterscheiden und sich darin geborgen zu fühlen wie in der Stille. Auch die Stille ängstigt. Die Dunkelkammer war mir nicht nur als Werkstatt wertvoll, sondern wegen der dunklen Stille, die so tiefe Konzentration und Empfindung möglich machte. Der Geist dagegen will erhellen. Immer wollen wir Licht in eine Sache bringen. Verdunkeln ist eine mühsame Tätigkeit, der, man sollte es meinen, sich niemand freiwillig aussetzt. Wer je versucht hat, eine Kammer mit einem Fenster in eine Dunkelkammer zu verwandeln, hat die Penetranz des Lichts entdeckt, das seinen Weg hinein sucht, fast so erfindungsreich wie Wasser in einem alten Holzhaus nach einem Rohrbruch im Speicher. Und wenn alles mit Lagen von schwarzem Filz und schwerer Pappe abgedichtet scheint, dann eilt plötzlich auf der Rückwand des dunklen Raumes eine Frau im roten Kleid vorbei, die Straße über ihren Füßen. Ein übersehenes stecknadelgroßes Loch in der Abdichtung des Fensters macht den ganzen Unterschied, macht aus der Dunkelkammer eine verspielte Camera obscura. Wie eine Bewohnerin des 19. Jahrhunderts vor der chemischen Erfindung der Fotografie erlebte ich die Faszination vor den optischen Erscheinung des Sichtbaren und seinen Launen.

Diese Lust am Spiel mit der Strahlenwirklichkeit der sichtbaren Welt, die optische Neugier, hat uns nicht wirklich verlassen. Nur verlernt haben wir sie im 1:1-Maßstab der digitalen Reproduktion, die das Licht, den Raum und die Zeit schluckt, aber den Namen der Dinge groß schreibt, ihre Umrisse ausmisst und alle Quantitäten gleichwertig nebeneinander zeichnet. Jedes Aufnehmen in unseren Handys ist ein erfolgreiches Äquivalent der dinglichen Wirklichkeit im optischen Einzugsbereich unseres Standorts und darüber hinaus.

Im Jahre 1985, bei einer Fotografenumfrage der Zeitschrift *European Photography* über die digitale Zukunft der Fotografie, lautete meine Antwort ungefähr: „Wenn diese eines Tages so eintreten sollte, wird es mir nicht schwer fallen, stattdessen zu malen und zu zeichnen." Das hieß, wenn Fotografie die ‚Neue' sein müsste, in dem endgültigen Sinne, dass entweder die Mittel und Träger der ‚Alten' so erschwert beschaffbar wären, dass das Beharren einem Steckenpferd gleichkäme, oder dass das Gelesenwerden der analogen Bilder gar nicht mehr funktionierte und sich die alte Fotografie nur noch in verschworenen Fotografengemeinschaften oder in musealen Institutionen erhielte, dann würden mir längst automatisch ganz andere Wahrnehmungsweisen selbstverständlicher geworden sein als das, was man dann vielleicht die ‚neue Fotografie' nennen wird, die mir damals vorerst einmal wie ein beschwörender Tanz um das endlich Machbare erschien.

Wenn sich dann heute Vorstellungen von Fotografie als an etwas Vergangenem und nur Erinnertem festhalten, erscheinen sie als begrenzt und nostalgisch. Aber eine Fotografie, die das Sichtbare durch die Physik des Lichtes in den Ordnungen des Raumes und der Dynamik der Zeit zeichnet, wird nur in solchen Theorien als überholt bewertet, die gegenüber dem angenommenen Geist der Zeit und dem Stand des Wissens und der Technik in der Pflicht zu stehen meinen. Auch in den Augen von Bildverbrauchern, die aber gerne die Information über das Sehen schätzen. Keinem Musiker mutet man zu, seinen Klang programmatisch und ausschließlich zu digitalisieren. Sie wandern von analog zu digital und zurück und wissen, was sie gewinnen und was sie verlieren.

Junge Künstler, der aktuellen Kontroverse jeweils durch Geburt schon entwachsen, füllten vor zehn Jahren wieder unbefangen und ohne Selbstzensur die Dunkelkammern der Akademien. Ihnen stand ein Erinnern offen, das die Gegenwart erfrischt. Nennen wir es Vergegenwärtigung. Eine Aufmerksamkeit, die allem Umgang mit Bildern zugrunde liegt, direkt im Augenblick der Aufnahme und indirekt beim Betrachten eines Bildes. Am Anfang steht das Staunen darüber, dass etwas jegliche Erwartung übertrifft. Jeder Augenblick könnte sich in alle anderen Zeiten als gegenwärtig ausdehnen, in sich für soviel wie möglich von vorher und auch nachher Platz machen. Dafür müsste er sich von seiner Gewohnheit lösen, ein Punkt auf einer Linie zu sein, dessen Kürze man bedauert, an dessen Vergänglichkeit man leidet, den man eher fesseln als voll und ganz erleben möchte. Vergegenwärtigung erlaubt der Gegenwart, der Erinnerung zu begegnen und in dieser kurzen, aber intensiven Begegnung erst wirklich zu werden, bevor sie sie entlässt. Die Vorbehaltlosigkeit und Unbefangenheit junger Menschen ist eine Brücke zwischen den Zeiten.

So darf auch ich mich an das Licht im analogen Bild als eine zentrale und entscheidende Gestalt erinnern. Immer sollte es die Hauptrolle spielen im Erzeugen der Bildwirklichkeit, objektiv (optisch und chemisch) und subjektiv (selbst in der Verweigerung derselben und seiner eigenen Bedeutung). In der konstruktivistischen Tradition spielte es mit seinem Schattenpartner das souveräne Heldenpaar, in der dokumentarischen Tradition spielte es je nach Schule den allerdings unverzichtbaren Statisten, den neutralen Sichtbarmacher oder den magischen Behaupter, in der surreal-visualistischen Tradition spielte das Licht alle Rollen, die die Erzählung forderte, sogar den Zerstörer der Lesbarkeit, sogar den Unsichtbarmacher.

Wie war diese Lichtschauspielerei im Bild aber zu unterscheiden, so, dass die jeweilige Rolle zum Ausdruck kommen konnte? Wie konnten wir uns darüber verständigen? Wir einigten uns auf sieben konkrete Erscheinungsweisen, die sowohl das Vokabular des Sehens wie des Sprechens über das Sehen bereicherten. Ich veröffentlichte dazu 1995 einen Text in einer Publikation der Braunschweiger Kunstakademie mit dem Titel *Zugänge zu einer Oberfläche.*

aus: „Licht im Schatten der Fotografie", 1993

> Der Schatten im schwarz-weißen fotografischen Bild liegt buchstäblich auf der Grundlage des Stoffes, aus dem es gemacht ist. Stoff und Rohmaterial sind die verschiedenen Schichten von Film und Papier. Man nennt sie Negativ und Positiv, ihren Belichtungs- und Vergrößerungsprozess ein Negativ-Positiv-Umkehrverfahren. Das Prinzip der Umkehrung ist der Schlüssel zum Verständnis des fotografischen Bildes. / Beim Vorgang des Zeichnens ist die Grundlage bekannt als das weiße Papier und darauf das Problem der reinen, leeren Fläche. Mit jedem ersten Schritt einer Zeichnung wird es bewusst angegangen: schwarz auf weiß. Der fotografische Prozess ist heimlicher, versteckt zum Teil im Dunkel der Kamera und des Labors. Nicht unbedingt hat sich der Fotografierende selbst kennengelernt als der Vermittler einer Lichtspur auf dem Schatten der Grundlage seines Mediums: weiß auf schwarz. / Durchsichtig und dicht schwarz zugleich ist das unbelichtete, nichtbehandelte, in Ruhe gelassene fotografische Bild. Dass es zwei solche Eigenschaften besitzt, die zueinander im umgekehrten Verhältnis stehen, ist das Ergebnis eines zweifachen Belichtungs- bzw. Durchleuchtungsvorgangs. In seinem ungeweckten, passiven Zustand ist das fotografische Bild auf dem Papier ein schwarzes, im Fenster der Kamera gerahmtes Rechteck, das aus der Umkehrung des durchsichtigen, nicht belichteten Negativs entstand. Aus der Nichtaktion, dem Nicht-Belichten, folgt die Aktion, das Ganz-Belichten. Durch das Fenster des Negativs, in das nichts aufgenommen wurde, strahlt beim Vergrößern so viel Licht, dass das Papierbild nach seiner Entwicklung gänzlich schwarz ist. Wenn die dichte, lichtempfindliche Emulsion des Negativfilms durch keinerlei Licht gereizt wird, bleibt sie geschlossen und verkehrt ihre Dichte beim Entwickeln des Negativs in Durchlässigkeit. Der entwickelte, nicht belichtete Film ist transparent. Bei der Durchleuchtung dieses Films im Fenster des Vergrößerungsgeräts geschieht eine zweite Umkehrung von dem weißen in das schwarze Papier, physikalisch gesehen eine Verbrennungsvorgang, eine Sprengung des Silbers durch Licht. / Dieses Schwarz ist nicht geschwärzt im Sinne von schwarzgemalt, es ist schwarz eher wie die Leere, fragend schwarz in Erinnerung an seine eigene

Durchsichtigkeit, schwarz wie Raum, nicht wie Fläche. Schwarze Durchsichtigkeit ist unbestimmter, unbegrenzter Raum und darin auch Ahnung vom Vorhandensein möglicher Dinge. Es ist die Nacht. Was hat die Fotografie, dieses Medium des Lichts, mit der Nacht zu tun? Im Unterbewusstsein des Traumes halten wir erstaunlich fraglos, Nacht für Nacht, die ganze dunkle Hälfte der Welt weit über die täglichen Grenzen von Zeit und Raum hinaus fest, doch seltsam sachlich getrennt vom Erleben der Wirklichkeiten des Tages. Am Abend befragt, was wir am Tag gesehen haben, berichten wir von den Dingen, nicht von ihrer Nachtseite, den Schatten. Davon spricht nur der Träumer. / Zwischen Sonne und subjektiver menschlicher Wahrnehmung wandert der Schatten durch alle Größenordnungen der Welt als das vom Licht geworfene, an eine irdische Form gebundene immaterielle Bild. Der Schatten wandert scheinbar ohne Übergang von der Wirklichkeit ins Bild, auf dessen Grundschicht er schon als Dunkelheit wartet. In jeder Fotografie ist die Erinnerung an die Nacht. Ein einziger Lichtpunkt auf dem Film verdichtet ihn dort zu schwarz und kehrt sich im Positiv zum Lichtpunkt zurück. Die unzähligen, mehr oder weniger hellen Lichtpunkte einer belichteten Szene bilden zusammen eine verdichtete Schablone auf dem Negativ, die alle vertrauten Tonwerte umgekehrt dem neu einfallenden Vergrößerungslicht entgegenstellt. Jeder Ton im positiven Bild hat im Negativ einmal seinen Schatten gekannt, auch wenn er heller war als er selbst. Dieses Wissen um die Nachtseite erklärt etwas jene viel besprochene Melancholie, die der Fotografie in ihrer Beziehung zu Zeit und Raum eigen ist. Eine Melancholie auch angesichts des Bildes, in dem Licht, Zeit und Raum je eine andere Antwort auf die Frage nach der Wirklichkeit geben. Beide, Licht und Schatten bestimmen dieses Antwortspiel und damit das Gefühl für Wirklichkeit im Bild entsprechend ihrer Beziehung zum dargestellten Gegenstand im Raum. / Ein schwarzes Rechteck, ein weißes Rechteck und dazwischen viele Stufen der Abarbeitung am Gegenstand. Das ist der Alltag vom Licht im Schatten der Fotografie.

Im Unterricht schenkten wir die gleiche Aufmerksamkeit den ebenso vielen Erscheinungen des Raums in einem fotografischen Bild, dem psychologischen Raum, dem geometrischen Raum, dem geschichteten Raum, dem symbolischen Raum, dem fehlenden Raum, dem kulturellen Raum, dem unwirklichen Raum.

Ohne die Feinarbeit des Lichts wären all diese Wirkungen nicht zu unterscheiden und ohne das Zusammenwirken beider, Licht und Raum, wäre wiederum die Präsenz der dritten Säule im Bild, der Zeit, nicht auszumachen. Auch sie will ‚entziffert' werden: Die fotografische Zeit zwischen Langzeitbelichtung und Schnappschuss, die historische Zeit in der Fotografie als Dokument, die psychologische Zeit als empfundene Empathie mit der Wirklichkeit des Bildes, die Gleichzeitigkeit verschiedener Raumwirklichkeiten, der zugespitzte Augenblick im Gegensatz zu der ausgedehnten, geräumigen Gegenwart, die Ahnung von etwas, das kommen mag, Andeutungen einer Zukunft oder stehengebliebene Zeit – wie liest sich all das im Bild, welche Zeichen sprechen darüber? Oder das Gefühl, dass die Zeit in diesem Bild stehengeblieben ist. Man lernte das eine durch das andere kennen und übte die bewusste Unterscheidung. Natürlich waren wir uns bewusst, dass im intuitiven Akt des Sehens jenseits des Studierens sich all das unbewusst oder gar automatisch zusammenfügt, im Bruchteil einer Sekunde gegebenenfalls. Aber es ging darum, über Bilder so lange zu sprechen, wie Bild und Wort zusammenhalten, und so lange, wie die Interpretation die Beschreibung noch nicht eingeholt hat.

Die poetische Spirale Ein 1982 in mein Tagebuch skizziertes Diagramm diente mir lange und zuverlässig zur Grundverständigung über die integrative Dynamik des Weges von der Wahrnehmung zum Bild, ausgehend von der Annahme, dass der erste Impuls der Wahrnehmung ein äußerer und das schließlich erreichte Bild ein innerer Punkt sei, eine mögliche Umkehrung eingeschlossen. Ich nannte diese Skizze *Die poetische Spirale*.

Die flache Spirale ist die Spur einer Projektion einer räumlichen Ordnung auf eine Ebene. Schon in dieser zweidimensionalen Darstellung, dem Grundriss, wird ihr Wachstumsgesetz deutlich lesbar. Der Grundriss eines zu bauenden Hauses ist die eindeutige Aussage und Anweisung für seine spätere Geometrie, und wer geübt ist, solche Diagramme zu lesen, kann schon darin die Schönheit oder die Mängel des Entwurfs lesen. Um sich eine dritte Dimension des Hauses vorstellen zu können, benötigt der Erbauer die Projektion eines Schnitts in mindestens zwei Himmelsrichtungen, den Aufriss, und, zur subjektiven Veranschaulichung, eine illusionäre Perspektive. Für die Spirale reicht der Grundriss. Er gibt vollständig Auskunft, ob es sich um eine zylindrische Spirale oder um eine kegelförmige handelt. Gibt es einen Mittelpunkt, auf den die Kreise zulaufen, handelt es sich um das Letztere. Man muss sich nur vorstellen diesen Mittelpunkt leise anzuzupfen, nach oben oder nach unten, und schon haben wir einen Kegel oder einen Vulkan, und es geht bergab und bergauf. Und dann, so will ich vorwegnehmen, ist dieser Mittelpunkt das Bild, um das sich alles dreht.

Der Grundriss der Kegel-Spirale ist eine dynamische Kreisform. Sie bringt die Kraft in Bewegung, die auf sie, gleichgültig an welchem Punkt, ansetzt. Bewegt sie sich auf einen Punkt zu, hat sie ein Ziel, kommt sie daher, kennt sie ihren Ausgangspunkt? Es gibt keine Ruhe, nirgends ein Verharren. Ziel und Start sind austauschbar und gleichwertig, unterwegs gibt es keine Hierarchie, alles Erreichte ist gleichrangig und integriert das Vorherige. Jeder Punkt auf der Spirale ist die Bedingung für den nächsten, die Folge aus dem vorangehenden und die immer neue Aussichtsplattform mit Blick auf die ganze Entwicklung. Es gibt keinen direkteren oder geraderen Weg, alle Kreise werden gänzlich durchlaufen, mögen sie auch wie Umwege erscheinen.

Dieses so autonome Gebilde erschien mir wie gerufen, um die poetische Erfahrung des Fotografierens in sich aufzunehmen und die großen Paare, die in dieser Erfahrung aufgetaucht waren und denen ich begegnen wollte, in seinem dynamischen Gefüge zu lokalisieren und zueinander in Beziehung zu stellen: Vorstellung und Wirklichkeit, Wahrnehmung und Widerstand, Material und Form, Inhalt und Sprache, Außen und Innen, Wirklichkeit und Bild. Sie alle finden ihren bestimmten Platz als Anhaltspunkte auf der Bahn zu einem gewollten bis ersehnten Ziel, dem Bild. Oder auf dem Rückweg, den der Betrachter des Bildes zu gehen hat. Eine kleine Begebenheit möge die Dynamik dieses Rückwegs veranschaulichen.

Auf meinen Wegen durch die Stadt München entstand 1979 eine Fotografie, aufgenommen in 1/60 Sekunde, lange betrachtet als Kontaktbild, erwählt für einen Abzug, vergrößert und schließlich in die Auswahl der Bilder zu diesem Projekt aufgenommen. Es ist kein Bild, das etwas über die Stadt selbst erzählt. Es weckt keine Frage nach wo und wann, schenkt keinerlei Ansicht, jedoch den Anblick einer kürzesten, beiläufig aufblitzenden Wahrnehmung einer minimalen, aber unverrückbaren Komposition von einander fremden Elementen, die nur in dieser Fügung zueinander wirklich werden. Das stille Bild wiederum suggeriert Unwirkliches.

Diese Fotografie wurde 1983 zusammen mit einigen anderen der späten 70er Jahre in die damals gerade entstehende fotografische Sammlung des Museums Rupertinum in Salzburg aufgenommen. Dort wurde sie fünfunddreißig Jahre später als Teil der Sammlung ausgestellt und im Katalog auf einer Doppelseite gedruckt. Es war nur mir als Fotografin dieser ‚kleinen' Fotografie vorbehalten, über etwas sehr wesentlich Fotografisches zu staunen, dass dieser kürzeste Blickmoment vor einem Drittel-Jahrhundert nicht nur als Fotopapier überlebt oder als Stück und Teil einer Sammlung oder aus historischem Interesse, sondern auch, dass diese kleine Komposition noch heute erkannt und in die Hand genommen wird. Nicht anders, als wenn ein Anflug einer alten Melodie in der Gegenwart erneut ein aufmerksames Ohr findet.

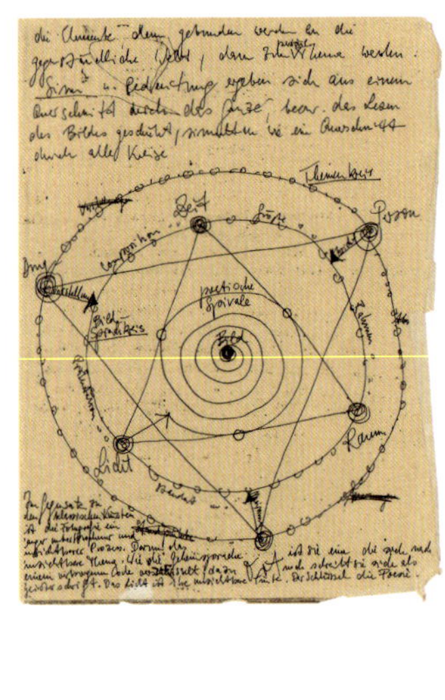

Der Betrachtende wird also zweimal, als Fotograf bei der Aufnahme wie als Betrachter des Bildes, von der Dynamik des Entwicklungswegs

zwischen Wahrnehmung und Bild an die Hand genommen. Ist der Weg durch die Stationen des Sehens einmal durchlaufen, das Bild einmal gefunden, fallen von ihm Anlass, Thema und Kontext ab. Es ruht in einer Schachtel, oder, um in der Geometrie der Spirale zu bleiben, es ruht auf ihrem Grund.

Dort wird es geweckt von einem heutigen Blick, es wird aktualisiert durch genau die Eigenschaften, die es damals auf dem Weg durch die poetische Spirale der fotografischen Sprache gewonnen hatte. Zum zweiten Mal gefunden, wandert es in den Augen des Betrachters zurück durch dieselbe Dynamik der kreisenden Bewegung, eilt durch alle Stufen, lässt sich an jedem Punkt anhalten und befragen und landet dann wieder bei seinem eigenen Titel: *Messer im Kohl*, München 1979. In jeglichem neuen Zusammenhang findet es seinen Punkt in einem neuen Licht.

Auf dem Außenkreis der Spirale liegen die einzelnen sinnlichen Wahrnehmungen der sogenannten Wirklichkeit, der Welt, und das Denken daran und darüber mit seinen begleitenden Emotionen. Im Osten wird das alltägliche Denken ebenso wie die Emotion der sinnlichen Wahrnehmung zugerechnet. Sollte eine bestimmte Dichte und Mischung solcher Eindrücke dazu verführen, diese Erfahrungen und die Art der Wahrnehmung zu befragen und die Befragung zum Ausdruck bringen zu wollen, ist der erste Schritt der Reise von der Wahrnehmung zum Bild schon getan. Vielleicht meint man anfangs noch schnurstracks drauf zugehen zu können, aber schon gerät man unausweichlich in den Wirbel der Abenteuer, die vor dem Ziel, vor dem Bild, zu durchleben sind. Die Erinnerung an den konkreten Anlass auf dem Außenkreis wird schwächer und mischt sich mit anderen, tieferen, allgemeineren Erinnerungen durch die Vermittlung der Sprache.

Vielleicht hatte ich auf dem Außenkreis eine Person angetroffen, vielleicht war mir ein Ort begegnet, vielleicht sah ich ein Ding an einem Ort in der Hand von einem Menschen, vielleicht aber auch nur den flüchtigen Schimmer von einem neuen Licht auf all dem. Vielleicht war das Ganze ein einmaliges Ereignis von persönlichem Interesse oder von historischer Bedeutung oder nur wieder einmal eine Tür zu einem dahinter liegenden Raum kompositorischer Zusammenhänge, der eigentlichen Ästhetik. Hätten wir, die Studenten und ich, das eine oder andere zeichnen oder zum Anlass einer Kurzgeschichte oder eines Gedichtes machen wollen, wäre mir die poetische Spirale nicht eingefallen, weil sie zu nahe liegt. Das ‚Künstliche' an dem Vorgang von der Wirklichkeit zum Bild läge auf der Hand, Imagination, Konzept, Technik, Handwerk, Form, Sprache, Grammatik – in der Dichtung sind das selbstverständliche Stufen.

Dass aber ausgerechnet die Fotografie, die als Beweis für das, was wirklich ist, gehandelt wurde, die dem Sichtbaren so nah wie sein eigener Schatten auf den Fersen war, blitzgeschwind und allgegenwärtig, dass sie Bedingungen fordern durfte, wie man ihr als Bild zu begegnen habe, wie sie zu lesen, wie rätselhaft ihr Wesen sei, dazu bedurfte es der Ordnung und der Dynamik der poetischen Spirale, die sich als Grundlage für alle weiteren Übungen, Themen, Aufgaben und Projekte mit Studenten bewährte. Die beiden innen gezeichneten Dreiecke kennzeichnen die Verbindungslinien von jeweils drei als Leitpunkte angenommenen Stationen der Reise. Auf dem Außenkreis sind das die Eckpunkte: Person, Ort, Ding, auf dem ersten Sprachkreis: Licht, Raum und Zeit, und auf jeder Kreiskurve könnten untergeordnete allgemeine und persönliche Prioritäten markiert sein, die ein ‚grammatikalisches Dreieck' ergeben. Diese Punkte helfen wach zu werden für das, was man sieht und wie man sieht und was man noch sehen könnte. Das ist nicht selbstverständlich. Manchmal kam es mir vor, als müsste ich geradezu werben für die eigentlichen, noch unerkannten Qualitäten einer studentischen Arbeit, für seine eigene Sprache. Bei der Besprechung, der Kritik, half die poetische Spirale, den Finger auf etwas zu legen, ein Wort dafür zu finden und das Sprachvokabular, das der Bildsprache gerecht werden könnte, zu erweitern. Über diesen Zugang zum fotografischen Bild habe ich in den 80er Jahren an Architektur-, Film- oder Kunsthochschulen Vorträge gehalten, immer wieder variiert und neu je nach der Ausrichtung der Studenten.

Was aber waren die Kriterien für die Bewertung der Übungen, die das Semester oder die Kurszeit strukturierenden Aufgaben, mit denen die Studenten auszogen das Fürchten zu lernen? Ein Thema bietet viele Türen, um in den Raum dahinter zu gelangen, um den es geht, in dem man notwendig landet: der Raum des Bildes. Zu welcher Tür hat das Thema wen geführt, welche Wahl, welcher Ausschluss wurde dadurch getroffen, wie heißt die gewählte fotografische Methode, was ist gerade deren Herausforderung? Ein journalistischer Zugang mit seinen entsprechenden Mitteln, ein dokumentarischer, ein investigativer, ein inszenierender, ein konzeptueller, ein narrativer, kontemplativer, intuitiver … was immer wie auch immer entschieden war, durfte nur zu Qualitäten und Maßstäben innerhalb seiner eigenen Ordnung verpflichten. Alle Aufgaben und Übungen hatten zum Ziel, die Gleichwertigkeit der Wege und Richtungen zu betonen, aber sich innerhalb einer gewählten Disziplin ihr zu beugen. In einem langen Semester konnten die Türen auch getauscht und gewechselt werden.

Zugänge zu einem Berg Für eine fünfwöchige Klasse an der Sommerakademie Salzburg wählte ich das Thema „Der Untersberg". Als Hausberg der Stadt führen zahllose Wege zu ihm hin. Einfach ist er nicht anzugehen. Die großen schwarzen Vögel umkreisen seinen Gipfel seit alters her und garantieren nach der Legende, dass der Zeitpunkt des Beginns des Goldenen Zeitalters noch nicht gekommen ist. Erst wenn die Vögel aufhören zu kreisen, wird Barbarossa mit seinen Mannen aus dem Innern des Berges herauspreschen und die große, finale, erlösende Schlacht schlagen, die das Goldene Zeitalter einleitet. Eine Gondel trägt sommers wie winters die Touristen zum Gipfel, Skifahrer und Wanderer nehmen von dort ihre Touren auf, und in dem Bauch des Berges lebt nicht nur der Mythos, sondern auch eine einzigartige Höhlenwelt und in ihr die nicht aussterbende Spezies abenteuerlicher Höhlenforscher.

Welcher fotografische Zugang würde gewählt? Wie weit trug er, wohin führte er, welche Regeln galten nur für ihn, was wurde sichtbar, wenn mit diesem besonderen Auge gesehen?

Manche entwickelten ein soziologisches Interesse an den Touristen, manche forschten hinter den Forschern her, manche versuchten die Erscheinung des Berges fotografisch zu fassen, intuitiv oder methodisch, manche wurden selbst zu Wanderern und inszenierten die Geschichten der Legende in ihren Bildern oder fügten sie als Text dazu, manche fotografierten nur das Vorkommen des literarischen Mythos innerhalb einer Bibliothek, und manche recherchierten die ökologische Situation eines so viel besuchten Berges, die Rolle der Technik usw. Am Schluss klebten und kopierten wir ein Buch zusammen, dass die vielen Annäherungen an den Berg bis in das Innere seines Mythos zu einer gemeinsamen Bergbesteigung verband. Wenn fünfundzwanzig Studenten über fünf Wochen täglich zehn Stunden ohne vorgegebene Methode ihren Zugang zu einem weitgefassten, gemeinsamen Thema suchen und die Ergebnisse und Gedanken einander täglich präsentieren und diskutieren, ist niemand verschont zu ertragen, dass von Anfang an vierundzwanzig andere Lösungen mit auf dem Tisch liegen. Andere Intensitäten, andere Zugänge. Der eigene wird notgedrungen relativiert und gleichzeitig wird gefordert, sich umso mehr zu artikulieren. Das Lernen voneinander scheint mir die wertvollste Wirkung eines solchen Seminars zu sein. Einzelne verbindliche, im Kopf kreisende Theorien über den Gebrauch der Fotografie wurden im Rucksack auf gegangenen Wegen zur Praxis, und umgekehrt wurde der gegangene Weg nachträglich zur Theorie.

Zugänge zu einem Haus Die Behausung als die elementare menschliche Erfahrung ist als Raumfolge einem Bühnenbild vergleichbar, in dem jedes Element für seine funktionale wie für seine erzählerische Bedeutung entworfen wurde. In der poetischen Wahrnehmung von Fenster, Tür und Treppe, wie wir sie als Kind erlebt haben, zeigt sich die Beziehung zwischen der gebauten und der wahrgenommenen Architektur auf der Bühne des Alltags. Alle drei Öffnungen werden zu gesprächigen, mit einem Potenzial aufgeladenen Elementen, die dieses ausstrahlen. Sie kennzeichnen eine Grenze, eine Schwelle und die Möglichkeit des Übergangs von einem Raum in den anderen, horizontal und vertikal, von innen nach außen und umgekehrt. Fenster und Tür sind ein Nadelöhr, aber nicht nur für physische Bewegungen, sondern für die Erfahrung des Wohnens und Lebens mit seinen Erinnerungen.

Mit der Treppe verhält es sich ähnlich und anders. Allein im Haus begegne ich mir selbst auf der Treppe anders als im Flur oder im Zimmer, auch anders, als wenn der Blick aus dem Fenster geht, oder wenn ich das Haus durch die Eingangstür betrete oder verlasse. Auf der Treppe erweitert und verdichtet sich die Zeit. In allen möglichen Gangarten bewegt man sich auf die naheste Zukunft zu, die am Treppenabsatz oben beginnt und die jüngste Vergangenheit am Fuß der Treppe gerade abgelegt hat. Auf der Flucht der Stufen, in diesem rhythmisierten Zwischenraum, entfaltet sich eine geräumige Gegenwart, warum nennt man sie Treppenflucht? Darin jedenfalls überfällt mich ein anderer Zustand, gerade erst enthoben von der flachen Gerade, schon in der diagonalen Bewegung, langsam steigend oder hocheilend, zwei Stufen auf einmal. Im Begriff, die Treppe herabzusteigen, kommt nicht selten der Gedanke, dass es ohne die Kleider der *Akt, die Treppe herabsteigend* wäre. Es ist immer ein Akt, auch wenn man hinabfliegt. In Träumen sind Treppen gesprächig, auch in der Erinnerung an all die besonderen Gespräche, die am Fuß der Treppe, auf ihren Stufen oder auf ihrem Absatz geführt worden sind.

Für einen Architekten ist der Entwurf des Treppenraumes seit jeher ein Bekenntnis zu seiner Auffassung von Begegnung und Repräsentation. In der Baugeschichte hat die Treppe immer eine Hauptrolle gespielt. Auch das Fenster, auch die Tür. Soviel Absicht, soviel Haltung, soviel Aussage, Tradition und Ordnung kann man darin lesen. Heute kann ein Treppenhaus ein lebendiger Erlebnisraum sein, privat und urban, oder ein Treppenschacht mit einer Zwangsführung, wie eine Fluchttreppe, das Gegenteil zur Treppenflucht.

Um die Studenten für diese Themen zu erwärmen, zeigte ich ihnen eine große Menge Dias, die das Phänomen vor ihnen ausbreiteten. Den Kontext hatte ich vorsortiert, z.B. vom einfachen Abbild einer Tür im kunstgeschichtlichen Zusammenhang, über das fotografische Sammeln bestimmter Türarten aus spezifischem Interesse, Dokumente von Türen als Aspekte bestimmter Architekturen, Türszenen als Stills aus Spielfilmen, Türen als erzählendes Element in Fotografien von Paul Strand bis Chauncey Hare, strategisch eingesetzte, psychologische Wirkungen von Türen in Bildern von Hitchcock bis Helmut Newton. Ähnliches von Treppe und Fenster. Die Studenten konnten den Dias eigene Bilder aus ihrem Bildgedächtnis hinzufügen und Assoziationen, Erinnerungen und Empfindungen dazu aufschreiben, dann erst entscheiden, welchen Zugang sie wählen wollten. Wir behandelten ein Element nach dem anderen und sahen, wie sich die Ergebnisse aufeinander auswirkten. Manche arbeiteten sich regelrecht nach vorne vom einfachen Abbild einer konkreten Tür bis hin zu seiner Erscheinung. Vom Erlebnis einer Tür als Schwelle und Öffnung zur Inszenierung seiner Wirkung als Bedrohung oder Versprechen. Sammlungen von Türtypen entstanden, auch Traumbilder. Für manche war es unmöglich, in der Tür etwas anderes als einen Gegenstand zu sehen und diesen fotografisch zu konfrontieren. Dagegen war nichts zu sagen, aber wie sähen Sprache und Form genau dafür aus, dass aus dieser Konfrontation eine Durchdringung werden könnte? Das waren Fragen an den Kontext, das Konzept, an Auswahl und Textbegleitung. Gerade die lineare Methode des Sammelns verlangt spätestens nachträglich nach einer Eindringlichkeit und auch einer Eigenwilligkeit des Gedankens, der dahinter steht.

Aufgaben für Studenten erlebte ich nicht anders als Aufträge von außen an mich selber, von denen ich nur die wirklich kongenialen annehmen konnte. Jedes Mal hatte ich mich durch einiges Gebüsch konzeptueller Arbeit durchzukämpfen, bevor ich dem Sehen freien Lauf lassen konnte. Vor und nach dem Fotografieren gab es zu denken. Besonders in den 80er Jahren, denn die rückbezügliche Gangart der Postmoderne wirkte verlangsamend. Aber eigentlich lag es schon seit ihrer Erfindung eben immer gerade genau an dieser und jener Zeit, dass Fotografie im Spiegel von Kunst, Theorie und Literatur sich um sich selbst drehte und nach ihrer Mitte Ausschau hielt.

Fotografen verstehen mehr von Architektur als Architekten von Fotografie. In dieser groben Gleichung steckt ein bedauerliches Missverhältnis zwischen zwei eigentlich kongenialen Medien. Es könnte sich auch anders lösen: Der ideale Architekt bittet den idealen Fotografen: ‚fotografieren Sie mein Haus, damit ich es besser verstehe'. Denn er erhebt nicht den Anspruch, das Ergebnis seines Entwurfes wirklich zu kennen. Er erinnert sich an die Bilder, die er sich vor der Entstehung davon gemacht hat und notiert die Kompromisse der Realisierung. Im Weiteren aber beschränkt sich sein Erkennen auf ein Wiedererkennen im Vergleich mit der ursprünglichen Absicht. Sollte er unbefangener sein, so sieht er es dennoch in den nützlichen Grenzen seiner professionell-architektonischen Sehweise. Das Hauswesen aber, das da entstanden ist, verlässt den Zustand der reinen Architektur, als die es im Kopf, auf dem Papier und im Modell noch entworfen war, sobald es sich dem Licht und dem Menschen körperlich entgegenstellt. Jetzt wird es persönlich erfahren, als Teil der bestehenden Welt, gemäß den individuellen Wahrnehmungsgeschichten der Benutzer, Kollegen, Kritiker, Passanten. Nur wenige nehmen wahr, ohne zu werten, denn wer sollte sich ausgerechnet vor diesem Gebäude von seinen Gewohnheiten trennen. Das Glück, dass unter den Betrachtern auch Kinder sein könnten, bleibt ein unausgesprochenes, denn die Kinder behalten ihre poetische Wahrnehmung für sich, und der Architekt kann davon nur nachträglich lernen, wenn er zum Beispiel Gaston Bachelard liest. Aktuell teilt man ihm selten mit, welche Schicksale und Träume eines Tages gerade diese Treppe mitgestaltet hat. Sollte er selber ein poetischer Mensch sein, so ist die Treppe auch aus seinem Traum entstanden, aber auf die Träume der anderen kann er nur hoffen. Treibt ihn dahin die Neugier, so bittet er den idealen Fotografen, der seinen Architekten darin begreift, dass er nicht besser verkaufen, sondern besser verstehen will. Darum leistet er sich den Luxus, nicht das Sehen der Architektur, sondern die Architektur des Sehens, nicht die Fotografie der Architektur, sondern die Architektur der Fotografie zu betreiben, nicht die Architektur des Hauses abzubilden, sondern eine architektonische Fotografie herzustellen, zu der nur dieses Haus veranlasst. Wenn sich Architekt und Fotograf über diesen feinen Unterschied einigen können, ist ihre Arbeitsteilung ideal: Der große Fotograf Luigi Ghirri hält sich seinen Hofarchitekten Aldo Rossi.

aus: „Vom Sehen der Architektur zur Architektur des Sehens", 1986

Zugänge zu einer Stadt Es ist nur eine Frage der Größenordnung, sich der Stadt auf ähnliche Weise wie dem Haus fotografisch zu nähern, nicht entlang von Wegweisern, Ordnungsrastern und Hierarchien, nicht nach offiziellen, Würde tragenden Funktionen, nicht auf empfohlenen Pfaden und nicht nach Maßstäben der geplanten Repräsentation. Auf keinen Fall zum Einkaufen. Ähnlich dem Haus wäre die Stadt zu erfahren als eine spezifische Atmosphäre und als ein Potenzial, das ihre allgemeinen und zeitlosen, immer erinnerten Elemente und Funktionen zum Ausdruck bringt. So widersprüchlich es klingen mag, die poetische Sehweise üben zu wollen, so einfach ist es doch, in der Vorstellung bestimmte Qualitäten entstehen zu lassen und diesen dann wie einem Äquivalent in der Stadt nachzuspüren. Wir einigten uns auf sieben beispielhafte ‚Grunderfahrungen', die im Bild erst wirklich geworden sein sollten: die Bühne – die Oase – das Labyrinth – der Altar – der Markt – der Turm – die Werkstatt. In den Bildern tauchten dann unbeabsichtigte weitere auf.

Um eventuelle Vorbehalte, Selbstzensur und Bedenklichkeit der Studenten zu überrumpeln, spielte ich gerne so etwas wie eine Finger- und Aufwärmübung, ein Zufallsspiel, bevor sie sich absichtslos an die Arbeit machen konnten. Auf dem Boden lag ein Stadtplan der Stadt, in der wir uns befanden. Jeder ließ entspannt und wunschlos aus größtmöglicher Höhe eine Nadel darauf fallen. Wohin die Spitze der Nadel traf, dort war der Ort des Auftrags. Dort hatte man einen halben Tag mindestens auszuhalten, sich irgendwie zu engagieren und nicht weniger als drei Filme zu belichten, mit welchem Licht auch immer. Seltsame Dinge begaben sich auf diesen Exkursionen, nicht nur fotografisch. Einmal spielten wir diese Übung während eines Workshops in Arles während des Festivals für Fotografie 1984. Mein Thema war gewesen „Das einzig Wirkliche in der Fotografie ist der Augenblick der Liebe zum Zeitpunkt der Aufnahme".

Das mit der Liebe war gewagt in einem Land wie Frankreich, das Gelächter ließ mir keine Zeit, mich zu erklären, man wollte es unbedingt als den Akt der Liebe verstehen. Übrig blieb der Satz „Das einzig Wirkliche in der Fotografie ist der Zeitpunkt der Aufnahme", der 1986 auch der Titel wurde für ein Buch, das eine Ausstellung im Kunstverein München begleitete. Man könnte diese die Realisierung einer kuratorischen Idee nennen, die nicht nur meine persönliche Sicht des fotografischen Diskurses jener Zeit spiegelte, sondern auch der Fotografie in München, die ich entgegen ihrem Ruf als lebendig und reich kennengelernt hatte, gleichwertig vertreten durch Fotografie-Sammler, künstlerische Fotografen und fotografierende Künstler, die ich zu meinen Freunden zählte. In Vorbereitung für die Ausstellung trafen wir uns in meinem Haus für zwei Jahre regelmäßig zu fotografischen Gesprächen und Bildbetrachtungen. Es ging uns allen um die Fotografie, so verschieden die Hintergründe und Arbeitsweisen sein mochten. Ein vierter fotografischer Blick kam noch hinzu durch den ungewöhnlichen Textbeitrag der Kunsthistorikerin Barbara Straka, die keine Mühe scheute, um jeden Beitragenden persönlich kennenzulernen. Meine These, dass alle Blicke auf die Fotografie gleichwertig seien, ob sie nun dem Auge des Sammlers entstammten oder dem des Künstlers oder des Fotografen selbst, bewahrheitete sich schon bei diesen Treffen. Das mit der Liebe blieb dazu gedacht, der Satz als Buchtitel zeigte sich als schwierig genug. Nicht wenige werden sich gefragt haben, ob nicht genauso gut der Sammler als Künstler, der Fotograf als Sammler und der Künstler als Fotograf zu betrachten seien. Ohne die schöne Zusammenarbeit mit allen Mitwirkenden, vor allem mit dem Mitherausgeber und guten Freund, dem Fotografen Dieter Hinrichs, wäre der Erfolg in der Öffentlichkeit und Presse, sogar ein Preis für die schönste Ausstellung der Woche, nicht zustande gekommen.

In Arles hatte jenes Nadelspiel unter dem Motto „Das einzig Wirkliche in der Fotografie ist der Zeitpunkt der Aufnahme“ mehrere unvergessliche Zufälle beschert. Eine Studentin war z.B. auf den Platz einer Zigeunersiedlung ‚gefallen‘. Sie war bewegt und berührt von der herzlichen Gastfreundschaft, ließ sich einladen und fotografierte die Menschen und die Interieurs der Wohnwagen. Doch als sie sich verabschiedete, hing die Kamera nicht mehr über ihrer Schulter, die Gastgeber zuckten mit der Achsel. Sie aber ließ es nicht dabei bewenden, sich beklaut zu fühlen. Sie bedauerte den Verlust der Bilder, die sie dort gemacht hatte, so sehr, dass sie am nächsten Tag zurückkehrte und den Zigeunern von der Schönheit der nicht entwickelten Negative in ihrer ‚verlorenen‘ Kamera so überzeugend berichtete, dass diese sich sowohl neugierig gemacht als auch wie die eigentlichen Beschützer ihrer Bilder aufgerufen fühlten, in gespielter Geschäftigkeit hin und her zu rennen, um die Kamera zu suchen. Natürlich wurde sie gefunden und würdevoll zurückgegeben. Und tatsächlich ist sie ein drittes Mal zurückgekehrt, um die dann entwickelten Fotografien wie versprochen zurückzubringen. Ich wüsste gerne, welche Bedeutung diese Studentin einer solchen Erfahrung heute rückblickend geben würde.

In Salzburg überraschte ich mit dieser Übung manchmal die Studenten der Sommerakademie unabhängig von dem Thema der Stadt, wenn zu viele Vorbehalte gegenüber dem Fotografieren an sich im Weg zu stehen schienen. So geworfen in die widrigen Umstände eines unmöglichen Ortes, wo es vielleicht wirklich fünf Stunden ‚nichts‘ oder ‚zuviel‘ oder ‚zu Hässliches‘ zu sehen gab, wurden ihre Gewohnheiten herausgefordert. Die Kamera wollte nicht aufhören, nach einer bekannten Ordnung zu suchen, einem Muster, man konnte das auf den Kontaktbögen nachvollziehen. Aber auf ihrem letzten Film, den sie wohl verzweifelt, gelangweilt und im Ärger aufgenommen haben mochten, fanden sich dann doch oft überraschende Wendungen, Zeichen für eine Besinnung auf sich selbst und die Kamera in ihrer Hand.

Die Scheu ein Fotograf, eine Fotografin zu sein, eine Kamera in eine Welt zu tragen, an deren Verbildlichung sich ein sensibler junger Mensch nicht mehr beteiligt zeigen möchte, dieses Syndrom war unter Kunststudenten weit verbreitet. Noch war ja auch eine apparative Entscheidung zu treffen, welche Kamera welche Absicht zu repräsentieren hatte, und da sich jegliche fotografische Absicht als bis zum Rande problematisiert anbot, daran kam kein Student vorbei, versteckte man den verdächtigen Apparat lieber unter dem Mantel oder man minimierte sichtbar seine technische Kompetenz und damit jeglichen Anspruch. Damit war, wie immer, der nächst fällige technische Entwicklungsschritt zur anonymen Handykamera psychologisch und kulturell vorbereitet und in gewissem Sinn vorweggenommen worden. ‚Wie immer' bedeutet eine Anspielung auf die Gesetzmäßigkeiten, die jegliches technische Erfinden umspülen, und die sich so deutlich bei der Erfindung der Fotografie selbst und seither unaufhörlich gezeigt haben.

Das Dunkle und die Frau im Bild

Fotografie zu unterrichten bedeutete mich anzupassen an alle Voraussetzungen, die der Ort, die Institution und die Studierenden boten, und gleichzeitig den Ballast zu durchdringen und abzuladen, der lähmte. An der Hochschule für Gestaltung in Zürich (1986–91), heute ZHdK, traf ich auf eine hochlebendige Institution und relativ verzweifelte Studenten, die zuviel wussten. Sie hatten alle relevante Theorie gelesen oder vorgetragen bekommen, die Bildbetrachtung kultiviert und gleichzeitig radikalisiert, die Hochkultur ihrer Stadt gekostet, an ihrem nicht bezahlbaren Wohnraum und ihrem reichen kleinen Land gelitten und an einer Akademie gelernt, die ihre Disziplinen, von Mode über Architektur bis neue Medien, überschaubar darstellte und in transparentem Dialog hielt. Für mich als Gastdozentin war es eine Freude, dort zu arbeiten. Es blieb mir nichts zu tun, als diese Freude mit den Studenten umzusetzen. Sonst war ja alles schon da. Ihre Themen, ihre Sehweisen hatten sie gefunden und artikuliert, denn es handelte sich jeweils um das letzte Semester, dessen Projekte ich zum Abschluss hin begleitete. Wenn sich ein Zwischenraum ergab, schoben wir ein gemeinsames Projekt ein. Wie zur Auflockerung. Einmal widmeten wir einen ganzen Monat dem Schwarz im Bild, dem Schwarz als Bild, dem Bild als schwarzem Rechteck … Das Negativ war im Zentrum der Aufmerksamkeit gelandet. Es war nicht vorauszusehen, dass ein schwarzes Bild in der Unterscheidung zu einem anderen schwarzen Bild so viel bietet, dass es über Stunden betrachtet und besprochen werden kann. Ob ein Schwarz durch einen Mangel an Belichtung oder durch eine Tautologie wie die schwarze Katze auf dem schwarzen Samt oder der Schatten eines Räubers im Kohlekeller entstanden war, machte bei sorgfältiger Betrachtung einen großen Unterschied und führte zu weiteren Unterscheidungen des Phänomens des Dunklen im Bild.

Eine andere unmögliche Übung war das Porträt. Niemand in der Klasse interessierte sich dafür, keiner hatte diesem Ur-Genre der Fotografie je Aufmerksamkeit gewidmet, geschweige denn eine konkrete Arbeit. Auch ich nicht. Genau in dieser gewissen Reserviertheit entdeckten wir, was sich zu untersuchen lohnte und sprangen gleich ins kalte Wasser: Fotografiere eine Frau, weil sie schön ist / fotografiere eine Frau, obwohl sie schön ist.

Bei der Betrachtung der Kontaktbögen war ähnlich wie bei den schwarzen Bildern kaum ein Ende zu finden. Der Versuch, die Fotografie und das Bild des Menschen zu versöhnen oder zu scheiden, bewegte sich in einem Strudel von Beziehungen und Vergleichen, Detailbetrachtungen und Theorien. Es war eine vergebliche Übung, weil sie weder ein Ende noch ein Ergebnis im Sinne von besten Bildern schenkte, umso mehr aber eine Anschauung von der Macht des Genres, des Klischees und der diesbezüglichen Reflexion, die aus der Reibung zu Komplexität und Widerspruch und damit auch zu neuen Bildformen führte. So bedacht war das Porträt rehabilitiert. Wie zum Berg oder zur Stadt oder zum Haus öffneten sich verschiedene Wege, weil sich das Thema durch das Fotografieren selbst als Tür zu den eigentlichen Räumen der Sprache dahinter geöffnet hatte.

Das Phänomen und Thema „Frau im Bild" erschien mir wie prädestiniert für ein Projekt, das mich im Sommer 1987 mit dem Goethe-Institut fünf Wochen durch fünf Städte in Brasilien führte. Mein Mann Otto Steidle und unsere dreijährige Tochter Teresa begleiteten mich auf dieser fordernden Reise. Das Programm war fünfmal je ein Vortrag und ein dreitägiger Workshop parallel zu zwei Ausstellungen, von denen die eine als Gruppenausstellung um die Welt und die andere als meine eigene in zwei Editionen mit mir wanderte. Für die Gruppenausstellung hatte ich einige zeitgenössische deutsche Fotografinnen mit unterschiedlichsten fotografischen Haltungen gewählt, die nicht dazu einluden, einen weiblichen Blick zu erwarten oder zu interpretieren.

Meine Workshops in Brasilien fanden öffentlich an den Goethe-Instituten oder innerhalb der Kunstakademien statt. Wie konnte ich meine Neugier auf dieses Land mit allen Aspekten dieses Projekts, auch den persönlichen, zu einem so dichten Paket schnüren, dass alles miteinander zu tun bekam? In diesem Land, das die Kunst des Erotischen im Zentrum seiner Kultur zu feiern schien, müsste doch genau diese durch eine kritische Fotografie zu befragen sein. Ich ahnte, dass dieser Nerv gesellschaftlicher Verabredungen und Energie tief in jedem einzelnen Leben der Frau und des Mannes nicht nur glitzerte und dass sich das in ihren Fotografien zeigen würde. Um gleich mit einer Bildbetrachtung beginnen zu können, gab ich schon einen Monat vorher die alle Standorte verbindende fotografische Aufgabe: „Die Frau im Bild – Tabu, Klischee und Archetyp".

Damit war tatsächlich ein sehr empfindlicher Nerv getroffen, psychologisch wie politisch wie ästhetisch. Um nicht in den Untiefen, die sich da auftaten, verlorenzugehen, brauchte es eine verbindliche Disziplin, die auf den Tisch gelegten Bilder alle gleich ernst und wichtig zu nehmen, sie zu lesen und zu beschreiben, bis zu dem Punkt, an dem sie wie von selbst die Augen öffneten, ohne dass eine Interpretation zu Hilfe kommen musste. Trotz der unübersehbar tiefen Kluft zwischen den weiblichen und männlichen Studierenden, dem vorgebrachten Unvermögen, sich zu verstehen, trotz Verletzbarkeit und lauernder Resignation, wurde die Begegnung doch durch die neutrale Betrachtung der Bilder ermöglicht und beschützt, zumindest die Anerkennung, dass das Bedrohliche im Anderen nicht eine feindliche Absicht, sondern jeweils nur ein Mangel an Bewusstsein sein könnte. Das eigentliche Tabu entdeckte sich in den Bildern nicht als Überschreitung moralischer Regeln, sondern als Unterschreitung des eigenen Vermögens, die inneren Konventionen, eben die Klischees, zu befreien. Der Weg, den die Frauen zu gehen hatten, war in dem Maße kürzer, als sie selbst als Thema schon im Bild waren. Und natürlich inszenierten sich viele als Selbstporträt oder visualisierten ein Tagebuch und hatten damit schon gleich den experimentellen Boden einer nicht offiziellen Sprache betreten, die ihnen neue Türen öffnete, hinter denen allerdings subtilere Klischees lauern mochten.

Für die Männer war das Thema erst einmal eine Falle. „Die Frau im Bild", das ist die Andere, nicht einmal das konkrete Gegenüber, sondern ‚das Bild der Frau', wie es in ihnen lebte, hervorgerufen und immer wieder bestätigt durch die Konventionen ihrer Kultur, die die Muse, die Hure, die Heilige und die Mutter als Ikone feierte. Die Fotografien, die sie auf den Tisch legten, variierten plakativ jene Archetypen, die sie noch nicht wirklich in Frage zu stellen gelernt hatten. Auch die Erzählform war malerisch-konventionell: Frau und Baum, Frau und Fenster, Frau und Treppe… Ein Fotograf bewies sich als Experte, indem er einen Vortrag über die Kunst des Erotischen hielt, die in den geometrischen Variationen des Bikinidreiecks der Frau ihren höchsten Ausdruck fände. Notgedrungen ist die Frau dem Fotografen in erster Linie ein Modell. Der Weg durch die Stereotypen ist dornig und auch der Frau nicht ganz erspart, denn sie weiß sich nicht automatisch von ihrer Wirkung als Modell zu trennen.

All diese Betrachtungen lagen offen und anschaulich auf der Oberfläche der Fotografien auf den Tischen dieser fünf so verschiedenen brasilianischen Städte. In den südlichen drei war Winter, in den beiden nördlichen war Sommer. Wie so oft war ich der Fotografie dankbar für ihren Dienst als Spiegel und Katalysator des Unsichtbaren und Unbewussten. Über keinen anderen Weg und keine andere

Sprachvermittlung hätten wir in je drei Tagen so tief in den Trichter der Gegenwart schauen können, der das Politische wie das Private im Strudel hielt. Und aus manchen Briefen durfte ich nachträglich hoffen, dass die fotografischen Erkundungen weitergingen und dass sich manche Resignation seitdem erübrigte.

Die ‚Goethetour' durch Brasilien bleibt in meiner Erinnerung eine schicksalshafte Reise. Unsere kleine Tochter war in einer barocken Kirche weit entfernt von jeglicher Zivilisation mehrere Meter tief auf den Kopf gestürzt und lag viele Stunden bewusstlos in meinem Arm, bis wir das nächste ländliche Krankenhaus erreichten. Erst auf dem Röntgentisch wachte sie auf. Der ohnmächtige Schlaf hatte seine heilende und ordnende Arbeit getan, und der jesuitische Chefarzt gab uns das Kind mit so großer spürbarer Freude und Erleichterung zurück, dass ich wusste, dass er wusste, dass wir über Stunden mit der Vorstellung des Schlimmsten durch das dann so furchtbar fremde Land gefahren waren.

Die Fotografie von Teresa ist in den Tagen danach entstanden. Fotografien sind Fenster in beide Richtungen. Man sieht die durchstandene Angst in den Augen der Fotografin ebenso wie in dem Ernst des Kindes. Seit dem Sturz hatte sie nächtliche Alpträume von einem riesigen Affen, der sich aus der Wand des Hotelzimmers hereindrängte, um sie zu ergreifen. Otto trug sie stundenlang auf seinen Armen, bis sie wieder schlafen konnte.

Der Lehrkörper Als unterrichtende Fotografin war ich immer wieder einmal ein mehr oder weniger aktives Mitglied eines Lehrkörpers. Dieser Körper steht in der Öffentlichkeit, wird manchmal von Ministerien gebilligt und meistens hart umkämpft. Er spiegelt entsprechend unvermittelt das gesellschaftliche Bewusstsein, das ihn gebildet hat. An der Sommerakademie in Salzburg wurde ich Zeugin eines geschichtsträchtigen Augenblicks, der die ehrwürdige Institution innerhalb einer einzigen Kollegiumssitzung graziös in das fällige aktuelle Jahrhundert beförderte.

Die Sommermonate an der Akademie waren Zeiten geballter Energie und Konzentration. Die ganze Stadt summte von den Klängen der Salzburger Festspiele. Ausstellungen der Professoren in den Galerien, Kunsttheorie in den Vortragsräumen, Bilder, Bildkritik, Begegnungen, Gespräche und Besuche in den Klassen der anderen, Gemeinschaftsprojekte, wenn Anziehung auftrat, Feste. Die Begleitung der eigenen fünfundzwanzig Studenten durch fünf Wochen war wie ein herausgeschnittenes, verdichtetes, geteiltes Stück Leben. Kaum jemand entkam diesem Rausch der Inspiration. Und die Entwicklungsschritte und Erfolge waren greifbar und bewegend.

An der Akademie in der Nachfolge Kokoschkas zu lehren, war attraktiv für viele berühmte Künstlerpersönlichkeiten, die damals noch die Zeit fanden, sich für fünf Wochen in Salzburg niederzulassen, die Stadt und die Festspiele zu genießen und auf der Burg zu unterrichten. Mehr als drei Viertel der Studenten waren weiblich. Alle Lehrenden waren männlich. Außer mir. Mein Fach, die Fotografie war auch erst sechs Jahre zuvor aufgenommen worden. Sie blieb manchen Kollegen noch länger verdächtig, als es die Entwicklung des Verhältnisses von Kunst und Fotografie eigentlich erlaubte hätte. Ihr Verhältnis zu mir war ambivalent.

Zu einem Zeitpunkt, als ich diese anachronistische Innenpolitik nicht mehr still hinnehmen wollte und Überlegungen anstellte, wie ich mit leichter Hand im Kreis der Männer den offensichtlichen Missstand zur Sprache bringen könnte, gab es eine Schlussbesprechung im Raum des Präsidenten im Turm der Burg. Holzgetäfelte Wände und Porträtgemälde über der Kopfhöhe, dicke Mauern und kleine Fenster, ein dämmriges Licht, in der Mitte eines Kreises aus hohen, schweren Holzlehnstühlen ein alter Teppich. Fast alle Männer trugen Bärte. Nur einer fehlte, der Fluxuskünstler Allan Kaprow aus Kalifornien, der die Klasse Performance geführt hatte. Der Präsident begann mit Danksagungen und Zusammenfassungen. Ich fühlte mich sprungbereit, aber etwas hielt mich noch zurück. Da öffnete sich die schwere große Tür nur einen Spalt und Mr. Kaprow schlüpfte hinein, verbeugte sich auf asiatische Art und setzte sich im Lotussitz auf den Teppich in die Mitte des Kreises der anderen, ohne einen Blick auf den für ihn gedachten Stuhl zu werfen. Das hätte schon fast genügt, um einen historischen Schritt im Gefüge der altehrwürdigen Institution einzuleiten. Entwicklungen, die sich im Großen über Jahrhunderte hinziehen, können im Kleinen in einem einzigen zarten Moment authentischen Handelns die Wende bedeuten. Ich lehnte mich zurück, denn mein fast unmöglicher Vorsatz, in diesem Kreis eine feministische Kritik vorzubringen, war gerade im Begriff von der bestmöglichen Performance eines hoch geachteten Künstlers ausgeführt zu werden. Der Präsident begrüßte ihn und gab ihm das Wort. Mr. Kaprow entschuldigte sich für seine Verspätung und bedankte sich in aller Form für die gute und schöne Zeit an dieser Akademie. Allerdings bat er ein Anliegen vorbringen zu dürfen. Die nun kommende Rede muss ich innerlich so umarmt haben, dass ich sie noch heute so gut wie wörtlich weiß:

Meine Herren, dort, wo ich herkomme, an der Californian University of San Diego, wäre der Proporz der Geschlechter an der Salzburger Sommerakademie ein Skandal. Neunundsiebzig Prozent Studentinnen und eine Professorin, für einen Amerikaner ist das unvorstellbar anachronistisch. Unsere Studenten und Studentinnen würden das nicht hinnehmen. An unseren Schulen wird jeder Professor, jede Professorin jedes Semester von jedem Studenten und jeder Studentin in einem Fragebogen beurteilt. Wir halten grundsätzlich das Gleichgewicht, mindestens einundfünfzig Prozent Professorinnen! Ich möchte mich dazu bekennen, dass mich von allen sozialen, künstlerischen und politischen Bewegungen der letzten zwanzig Jahre der Feminismus am tiefsten berührt und geprägt hat. Der Feminismus hat mir die Augen geöffnet und mich zu einem anderen Menschen gemacht. Meine Frau ist Meisterin in einem asiatischen Kampfsport.

Im Raum war es so still, wie es auf einer Bühne in diesem Bühnenbild und nach dieser Rede hätte inszeniert werden müssen. Dann wandte sich der Präsident zu seinen Kollegen, bedankte sich in vertraulichem Ton für Allan Kaprows mutigen Einwurf und sagte die unvergesslichen Worte: „Aber meine Herren, wir sind uns doch einig, dass die Arbeit und die Belastungen an der Sommerakademie für eine Frau unzumutbar wären. Sie müsste sich doch aus dem Fenster stürzen!" Ich vermied es noch immer, mich doch durch ein leises Räuspern in Erinnerung zu bringen und gedachte der vielen Momente, in denen ich mich schon über die fast primadonnenhafte Empfindsamkeit und Verletzbarkeit mancher Professorenkollegen gewundert hatte. Aber Mr. Kaprows beste aller Performances war noch nicht zu Ende. Er entrollte aus seiner Umhängetasche ein Fax so lang, wie er es, noch immer im Lotussitz, gerade mit ausgestrecktem Arm in die Höhe halten konnte: „Herr Präsident, machen Sie sich darüber keine Sorgen. Ich habe Ihnen hier eine internationale Liste namhafter

Künstlerinnen zusammengestellt, die über langjährige Erfahrungen als Lehrende an vergleichbaren Akademien verfügen und sich außerordentlich bewährt haben."

Die graziöse Eleganz dieser Aktion, diese leise Kraft, sollte sich in den folgenden Jahren auch als eine tatsächlich für diese Institution historisch zu nennende Wende auswirken. Der Präsident zog sich bald von seinem Amt zurück und übertrug es an die Frau, die bisher schon aus dem Hintergrund die Akademie dargestellt und verwaltet hatte. In wenigen Jahren war der angemessene Proporz zwischen Lehrenden und Studenten auf die Beine gestellt und zeigt sich unter der heutigen Leiterin der Sommerakademie als selbstverständliches Maß.

Den letzten Kurs gab ich 1989. Andere waren an der Reihe, Katharina Sieverding, Nan Goldin, Michael Schmidt… Es war Zeit für eine andere Bild-Auffassung, große Bilder und bedeutende Themen. Ich war ja eigentlich schon seit längerem damit beschäftigt, das Verschwinden der Bilder zu inszenieren und riskierte, dabei selbst unsichtbar zu werden. Auch der Rückzug auf das Land spielte mit und eine gewisse Befremdung über die kunsttheoretische Sprache, so wie sie auf die Fotografie seit Mitte der 80er Jahre reagierte, ja vielleicht sogar im Bann all dessen, das sich veränderte, für die Fotografie und aus ihr heraus, sich erst erfand. Sie befremdete mich als ein sprödes, kopflastiges Konstrukt, das das Bild vereinnahmte. Es sei denn, poetische Philosophen schenkten dem rätselhaften Phänomen der Fotografie ihr tiefes Denken, das wie ein Äquivalent zu ihr Bestand hatte.

aus: „Zu einer Anthologie von Hubertus von Amelunxen *Theorie der Fotografie IV*, 2001"

Es gibt einen schwierigen Punkt, der mich bei aller Faszination für viele längst klassische Texte, die zur post-modernen Theorie gehören, unbefriedigt und befremdet gelassen hat. Mir scheint, das differenzierte Denken der Theoretiker neigt dazu, einem Widerspruch zu verfallen. Um das Phänomen der Fotografie im Überblick betrachten zu können, wendet es die eigenen Regeln, die eigene Sprache und notwendig vorgefasste Standpunkte an und beengt somit, was es weiten wollte. Das differenzierte Denken neigt auch dazu, bestimmte ‚alte' Qualitäten einverständlich auszulassen, ja zu meiden, z.B. die Frage nach dem Sinn, die subjektive (= einzelne + allgemeine) Erfahrung von Raum, Zeit und Zeitlosigkeit, Intuition, das Schöne (im Gegensatz zum verbannten Ästhetischen), die unvermittelte Wahrnehmbarkeit von Wirklichkeit und die Sprache der Erscheinungen selbst. So schließe ich beim Lesen öfter die Augen und frage: Sprechen wir von derselben Sache? Hält dieses Denken vor irgendeiner beliebigen Fotografie stand, die ich liebe? Oder anders, hält eine Fotografie, die ich liebe, dieses Denken aus, das an sie angewendet wird? Etwas verlegen muss ich mit all diesem theoretischen Verstand vor ihr stehen und vergeblich nach einer Verknüpfung suchen.

Es bleibt das Bild hier, das viel bedeutet, und die Theorie dort, die sich nach den Gesetzen ihrer eigenen Sprache gebildet und nach bestimmten Aufgabenstellungen ausgerichtet hat. Die glücklichen unter den Theoretikern schaffen die Brücke. / Das ganze Vorkommen der Fotografie ist ein vages Volumen, nicht bestimmter als das weite Feld der verbalen Sprache. Leicht vernebelt sich der ursprünglich Gegenstand der Reflexion, und sie tritt stattdessen auf akademischem Terrain, oft sich selbst fremd, entgegen. Victor Burgin schreibt über Roland Barthes, dass er darunter litt, Wissenschaftler und Lehrer auf dem Gebiet der Sprache zu sein, und gleichzeitig der, der sie in ihrem Unaussprechlichsten und Nichtbeabsichtbaren am meisten liebt. Derrida wiederum spricht über die Fotografie so weit (und so bildhaft), dass er sich selber fragt, ob er noch über sie spricht und ihr dabei sehr nahe kommt, ohne sie im Einzelnen zu betrachten. Mit Freude jedoch lese ich die Aufsätze von Jeff Wall über Fotografie und Konzeptkunst und über das Dokumentarische, die vollständige Theorie der Fotografie von John Berger, die Schriften zu Erinnerung und Wahrnehmung von Luigi Ghirri und die Essays über „das Schöne in der Fotografie" von Robert Adams (die alle in dieser Theoriesammlung nicht enthalten sind). / Mit Fotografie allein hat die gesellschaftswissenschaftliche fotografische Theorie nicht notwendig zu tun, sie ist als Medium nur ein so flexibler Aufhänger für vorgestellte Gedankengebäude und Wirklichkeitsspiegel. Sie eignet sich vorzüglich, um die zeitgenössischen philosophischen Fragen nach Wahrnehmung und Wirklichkeit anzuleiten, um all die Werkzeuge dazwischen zu benennen und um Standort und Aufgabe der Kunst (mit und ohne sie, die Fotografie) zu bestimmen. In manchen Texten wird die Fotografie zugegebenermaßen als Vorwand beschrieben, über gesellschaftlich und technisch bedingte Wahrnehmung und Bildwirklichkeit im medialen Zeitalter nachzusinnen. Und manchmal dient die (alte) Fotografie nur noch der Konstruktion der vergleichenden Analyse, was alles die neuen bilderschaffenden Methoden nicht mehr können, z.B. die Wahrheit sagen. Welche Wahrheit? Wie irreführend im Rückblick und Vergleich ist die Annahme, dass es in der analogen Fotografie darüber je eine Übereinkunft gab. Die Reduktion des Lesens auf die Erforschung der Sprache allein erzeugt die Reduktion von Wirklichkeit als eine gesellschaftliche, erzeugt die Absage an andere Erfahrungsweisen, erzeugt die Gefahr der Unterwerfung unter das kritisierte Prinzip, erzeugt die Reduktion des Schönen auf das Ästhetisierende, erzeugt Verwirrungen über Realität und Ehrlichkeit, erzeugt die Verarmung des Fotografen, dem nur noch der zweifelnde Blick auf seinen Apparat bleibt oder auf die Wissenschaften, die sich seiner Sprache bemächtigen und seinen Weg zu allem anderen noch mit ihren Zeichen und Warnhinweisen verstellen, sodass ihm die Natur der Dinge dahinter endgültig unerkenntlich wird und nicht einmal der Weg als ein Weg sichtbar bleibt. Trotz all dem weiterzumachen heißt all das zu kennen, zu unterscheiden, zu integrieren und auf jeden Fall zu überschreiten, um im bildlichen Ausdruck mit Fotografie oder ohne, mit ‚alter' oder ‚neuer' oder mit beiden zusammen nicht hinter der Sprache der Erscheinungen selbst zurückbleibend dem Prinzip zu dienen, das jenseits des überkommenen Gegensatzes von Verstand und Gefühl die Sicht auf eine weitere Welt öffnet.

Fotografieren in Moskau in den Tagen der Wende 1989

Jene kleine Begebenheit der Wende in Salzburg lässt mich an die große historische Wende im November 1989 denken, die ich in Moskau wie in einem Traum erleben durfte.

Anfang November waren Otto Steidle und ich nach Moskau gereist. Er sollte dort den Neubau der Moskauer Universität beraten, der vor den Toren der Stadt geplant war. Noch am Berliner Flughafen machte ich ein letztes Bild von einem Grenzhäuschen um drei Uhr morgens, fast ohne Licht. Ich ahnte nicht, dass dieses bei unserer Rückkehr nach fünf Tagen nicht mehr stehen, und dass, was immer ich in den folgenden Tagen sah, hörte und dachte, sich am 9. November abends um neun Uhr vollkommen gewandelt haben würde. Am Flughafen in Moskau empfingen uns drei Herren, der Rektor, sein Vize und ein Assistent, die uns von nun an nicht mehr allein lassen wollten und schon morgens und dann abends, zur Begrüßung und zum jeweiligen Abschied, vergnügt auf unseren Hotelbetten saßen. Schon von weitem fixierte ich in ihren Händen je zwei weiße Plastiktüten. Sie kündigten in ihren eindeutigen Umrissen das Thema einer fast übermütigen und festlichen Gastfreundlichkeit an, der man die eigene langjährige Enthaltsamkeit in Bezug auf Fleisch und Alkohol unmöglich entgegenstellen konnte. Bis wir in ihren begrüßenden Armen versanken, stand diese Einsicht als Entschluss schon fest. Doch etwas in mir flehte: Möge das Hähnchen den Wodka und der Wodka das Hähnchen in irgendeiner alchemistischen Weise sublimieren! Das Fleisch den Geist, der Geist das Fleisch. Auch kam schon kurz der Gedanke auf, ob unsere Mitbringsel wohl passten? Fünf Bände von Kandinskys *Über das Geistige in der Kunst* in russischer Sprache, das angeblich in Moskau noch immer auf der verbotenen Liste stünde.

Ich trug tatsächlich keinerlei Schaden durch die plötzliche Ernährungsumstellung davon, soll im Gegenteil auffallend fröhlich gewesen sein und mit dem großen und schweren georgianischen Rektor bei einem Ausflug gen Sibirien an der Autobahn entlanggetanzt haben. Wann immer möglich haben wir allerdings das ständig nachgefüllte Wodkaglas heimlich am Munde vorbei seitlich nach hinten über die Schulter ins Gras gekippt. Obwohl ich mich zu diesem Zeitpunkt von der Fotografie eingebildetermaßen gerade verabschiedete, waren Kamera und Film wie immer im Gepäck.

Wir hatten in diesen Tagen keine Zeitung gelesen. Am 10. November war ein Empfang für den Rektor der Universität und uns bei dem zweiten Bürgermeister von Moskau anberaumt. Der Zusammenbruch der Mauer, die große Wende, das war die Pranke des Bürgermeisters auf Ottos Schulter „Haben Sie die Zeitung gelesen? Noch nicht? Die Mauer ist eingestürzt. Das Ende des Kommunismus ist gekommen! Ha, Ha, Ha!“ Es war, als würde er uns gratulieren mit diesem donnernden Lachen, uns allen, sich, der Welt. Unsere kleine Empfangsgesellschaft im Moskauer Rathaus, an den holzgetäfelten Wänden die Porträts der Helden des russischen Kommunismus, in der Halle hoch über dem Treppenhaus das berühmte Gemälde von Lenin auf dem Balkon mit der roten Fahne. Und der Bürgermeister lacht und dröhnt, weil genau das zu Ende gegangen ist, wann? „Gestern Abend! 21.00 Uhr.“ Er setzte sich dann neben seine Dolmetscherin, die eine Kappe trug, an einen langen Konferenztisch, und wir gingen zur Tagesordnung über, den Bau einer neuen Universität vor den Toren der Stadt. Da ich daran nicht direkt beteiligt war, lenkte mich nichts davon ab, dem Gefühl der Unwirklichkeit vor diesem wie ein Theater inszenierten, aber doch so historisch wirklichen Augenblick ausgeliefert zu sein. Übrig geblieben sind ein paar Fotos, die ich später wiederum keiner Zeitung geben wollte. Sie erinnern daran, dass mir am Tag zuvor auf einer Stadtfahrt durch das nun schon so gewohnte Fenster des großen Taxis die auf einer hohen Stele thronende goldene Gestalt des Astronauten Gagarin von weitem sichtbar entgegengekommen war, in meiner Kindheit der gefeiertste Russe. In meiner Kamera war er gekippt, als hätte man auch ihn gestürzt. Als wir am 11. November nach dem Rückflug in Schönefeld landeten, war dort schon alles vollzogen. Die Kontroll- und Wachthäuschen waren verschwunden.

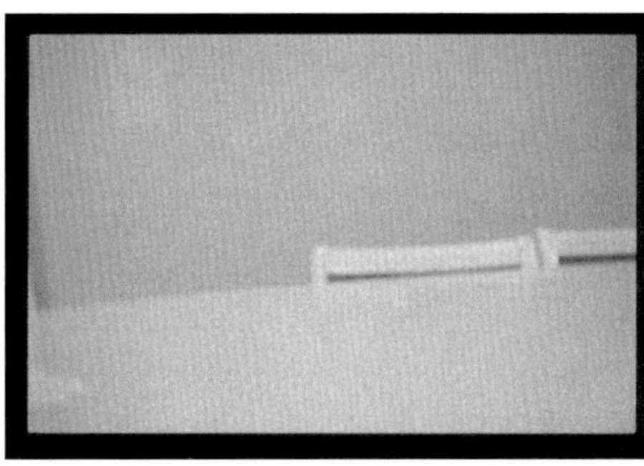

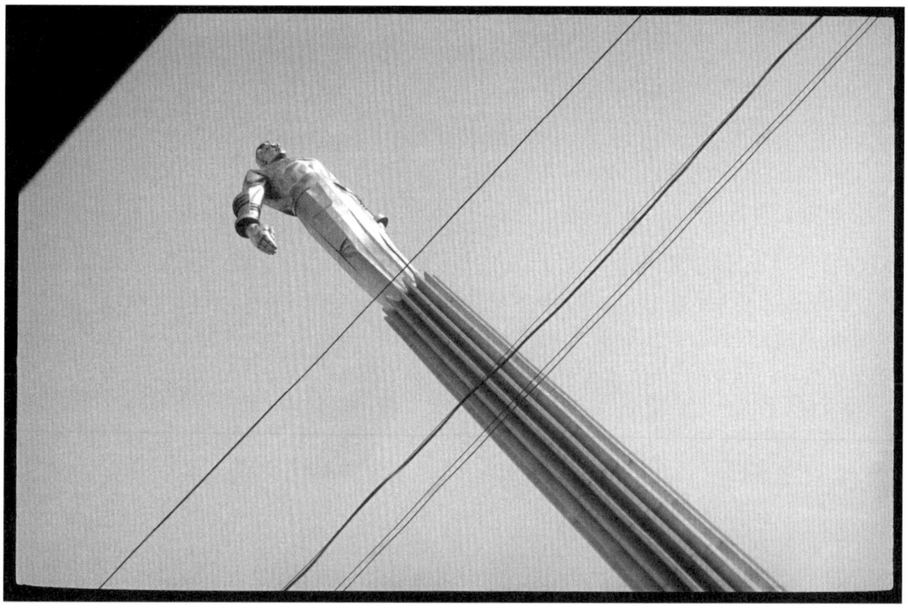

Noch am gleichen Tag stand ich mitten im Kaufhaus des Westens. Der Jubel in Moskau und die Ergriffenheit, mit der wir die Stadt verlassen hatten, verwandelte sich ohne Übergang in ein Gefühl der Scham gegenüber allem und allen. Die unerträglich glitzernde Pracht des Konsumtempels hatte die Massen der Ost-Berliner schon geblendet. Wir alle verloren unsere Würde, diesseits und jenseits der Mauer. Gereizt, verstört und überfordert richteten sich die Erwartungen gegeneinander. Das war nicht zu fotografieren. In Moskau hatte ich gleich in den ersten Tagen einen Vertrag mit dem Goethe-Institut abgeschlossen, dass ich nach meiner Rückkehr eine fotografische Ausstellung im Haus der Architektur vorbereiten sollte. Die Moskauer Tage im Vorfrühling der Wende hatten mich so berührt, dass ich in München sofort begann, die russische Sprache zu lernen. Da meine Privatlehrerin Grammatik nicht schätzte, lenkte sie die Unterrichtung von Anfang an auf Gedichte, die ich zu sprechen lernte, bevor ich sie verstand, eine sehr nachhaltige Methode. Von dem Goethe-Institut hörte ich erst wieder, als dieses sich an die neuen Verhältnisse gewöhnt hatte und mich wissen ließ, dass nun, unter den neuen kapitalistischen Vorzeichen, die ganze Ausstellung samt Transport und Versicherung und einer hohen Raummiete von mir selbst zu finanzieren wäre. Das war nur ein kleiner Geschmack der Ernüchterung, die in der Folgezeit eintrat über das, was erst einmal verloren ging in dieser russischen Wende. Ich sagte ab.

Fotografieren im Auftrag 1984–95

Im Vergleich zu Zeiten, da fast alle Kunst aus einem Auftrag hervorgegangen ist, wirkt es nicht der Rede wert, Projekte als im Auftrag fotografierte hier gesondert zu beschreiben. Aber solche von außen initiierten und ausgerichteten Vorhaben halten in meiner Erinnerung einen eigenwilligen Platz, so wie auch im fotogeschichtlichen Vergleich die kollektiven Auftragsprojekte als ein besonderes Genre gelten, das die eigene Art zu sehen umso stärker in den Vergleich stellt, je mehr es einem allgemeinen Interesse dient.

Was immer die gerade patentierte ‚Erfindung' der Fotografie bedeutet hat, sie konnte sich schon nach kürzester Zeit sicher sein, dass es Arbeit geben würde, Anwendungen, dass sie in Gebrauch genommen werden würde. So zeigte sich von Anfang an ein gesellschaftliches, oft in Institutionen verkörpertes Interesse, die Fotografie für das, was sie zu können schien, zu beauftragen, für die Sichtbarmachung einer Welt, die damals noch in nicht bereisbarer Ferne lag. Die technische Entwicklung stellte ihrem Stand entsprechende Hürden auf, so dass fotografische Expeditionen Mitte des 19. Jahrhunderts, als Reise wie als Ausübung des Handwerks, Abenteuern gleichkamen. Hatte ein früher Studiofotograf mit dem Material, den

Belichtungszeiten und der Alchimie schon genug zu ringen, so stand den mit einem Welt-Auftrag ausgestatteten Fotografen genau dieses neben den Widrigkeiten des Reisens selbst im Weg. Damit nicht genug, hatten sie erst einmal den offengelegten oder geheimen Absichten und Erwartungen der Auftraggeber in einer noch ungeklärten Mischung von Dienstleister und Autor zu entsprechen.

Kürzlich erst fiel mir ein mir bisher unbekanntes, historisches Projekt an der Kasse eines Museums in Berlin ins Auge. Ein Bild auf dem Deckblatt eines zum Verkauf im Hintergrund ausgestellten Buches zog meinen Blick an wie ein Magnet. Dabei sah ich nur undeutlich einen fremd und historisch anmutenden Reiter in einem roten, langen Mantel vor einer blassgrünen Tundra mit Wasserflecken wie nach einer Schneeschmelze, der sein Pferd mit langem Zügel für den Akt des Porträtierens still hielt. Die wundersame Farbigkeit des Bildes machte es aus, dass ich aus der Ferne nicht unterscheiden konnte, ob es sich um Malerei oder Fotografie handelte und doch von dem Fotografischen daran so gebannt war. Das Museum war voll, man drängte an der Kasse, und so kaufte ich das Buch schnell, nur in Reaktion auf die Anziehungskraft dieses einen Bildes. Es war eine Farbfotografie aus dem Jahre 1913, der Reiter ein mongolisches geistiges Oberhaupt, der Titel des Buches war: *1914 – Welt in Farbe – Farbfotografie vor dem Krieg*, und der Auftraggeber war Albert Kahn, ein visionärer Einzelgänger.

Die Farbe kommt wie eine überraschende Fanfare zu dieser großen Realitätsfülle, zu der natürlichen Autorität einer hundert Jahre alten Fotografie hinzu. Die Tonabstraktion der schwarzweißen Aufnahme ist doch der grundsätzliche und so vertraute, ja der zuverlässige Modus des Betrachtens solch alter Bilder schlechthin. So automatisch eingeübt und spontan gehandhabt, erinnert sogar eine heute aufgenommene schwarzweiße Fotografie konkret oder nostalgisch an etwas Vergangenes, als Technik wie als Beleg der Erinnerung. Das Jahr 1914 – man weiß von gewissen Farbversuchen, aber erwartet deren Realisierung keinesfalls in solchem Kontext und mit solchen Mühen. Der Überraschungseffekt einer so frühen Farbfotografie kehrt nun den erwarteten schwarzweißen Dokumentationsbonus wie durch eine Realitätsverdoppelung fast ins Surreale um. Die Farbe hebt das schwarzweiße Gedankenbild aus seiner Rückbindung an das Vergangene wie in eine gegenwärtige Ansicht. Mit dieser Farbe hatte die vor hundert Jahren porträtierte junge Frau in Irland entschieden, sich nicht nur für die Fotografin zu schmücken, sondern für jeden Besucher, dem sie wie die anderen verarmten Frauen ihres Dorfes mit ihren Trachten gegen Geld oder Brot von einer vergangenen, besseren Zeit erzählten, wie in einem schon damals musealen Szenario.

Heute macht es für das Bild keinen Unterschied, ob es einmal inszeniert wurde: auf ihren Wangen schimmert ein Rosa als Echo ihres Wissens der Würde des roten Mantels und des schweren roten Rockes. Das ist die unwirkliche Aktualität, das Surreale, das fast Zuviel in diesen frühen Farbfotografien, die aus einem Europa und Asien vor dem Ersten Weltkrieg erzählen. Und wir lernen, dass sie mit genau der Intention beauftragt worden waren, diesen zu verhindern, in Farbe! Das Farbmaterial waren Autochrome, die nicht im Druck oder Abzug, sondern in vielfältigen Arten von Projektionen sichtbar gemacht wurden, was die Reichweite jeweils auf einen kleinen Kreis von Zuhörern und Zuschauern beschränkte. Die Sammelstelle all dieser Autochrome nannte sich „Les Archives de la Planète". Das ist als Absicht, als Hoffnung, als Vision und als Realisierung sensationell. Wie aber konnte damals diese fotografische Botschaft verbreitet werden und überhaupt ihre Wirkung tun, wie konnte das planetarische Archiv den Menschen die Augen für das Verbindende und Verbindliche alles Menschlichen und der Natur in letzter Sekunde öffnen, wo sie doch ihrem ängstlich trennenden und enthusiastischen Nationalismus schon verfallen waren? Der Erste Weltkrieg fand trotzdem statt.

Solche historischen, kollektiven Auftragsprojekte trugen den Charakter und Namen einer ‚Mission', die von einer Überzeugung geleitet war. Ein anderes sehr frühes Beispiel sind die sogenannte *Mission Heliographique* 1851, rund 130 Jahre später die *Mission photographique de la DATAR*, und vorher in den dreißiger Jahre die fotografischen Missionen der FSA und RA. Heutige kollektive Auftragsprojekte laufen kaum mehr unter der Fahne einer Mission. Das Interesse teilt sich eher zwischen dem Thema und der fotografischen Förderung selbst. Selbst erlebte Beispiele dafür wären in Italien das Projekt *Napoli '84 – Fàsti barocchi nella fotografia contemporana* ebenso wie das *Fotoprojekt der Firma Siemens* von 1988 bis 1990.

Neben komplexerer Absicht und Motivation zeigen zeitgenössische Auftragsprojekte eine veränderte Haltung zu ihren Fotografen. Gleichrangig mit der Formulierung eines Themas gilt auch die Förderung einzelner Fotografen oder der Fotografie als solcher. Dennoch, für jeden Auftraggeber ist es unumgänglich, so fördernd er sich versteht, eine Erwartung an das von ihm formulierte Projekt zu binden. Täte er das nicht, würden wir von einem Stipendium oder anderen Unterstützungen sprechen. Darum stellt der Auftrag auch heute noch jeweils ambivalente Fragen an den Fotografen.

Vom Wesen des Barock 1984

Die Stadt Neapel hatte schon in den 80er Jahren mit sich selbst und ihrem Prestige in den Augen der Welt zu kämpfen. Drogenkriminalität und Unsicherheiten aller Art hielten die Besucher fern. Das Kulturdezernat der Stadtregierung dachte sich ein Projekt aus, das über einen längeren Zeitraum einen konstruktiven Blick auf die Stadt gewährleisten und veröffentlichen sollte. Ab 1980 wurden jährlich fünf bis sieben internationale Fotografen eingeladen, zu einem von der Stadt bestimmten, gemeinsamen Thema in Neapel zu arbeiten.

In Deutschland hatte man mich gewarnt, dass es fast nicht möglich sei, in dieser Stadt eine Kamera zu tragen, ohne beraubt zu werden, dass ich Zeit bräuchte, um mich in die Situation hineinzufühlen. Auch inhaltlich, denn vom Rathaus werde außer einem Stadtplan und dem Thema selbst, *Das Wesen des Barock in Neapel*, keine Unterstützung oder Orientierung geboten. Ich trug meine Kamera in einer Plastiktüte und bemühte mich auf meinen barocken Wegen wenigstens zielstrebig und entschieden zu marschieren, denn zu meinem Bedauern ist es mir auf Grund meines nördlichen Aussehens nie möglich, in einem südlichen Land nicht als Fremde aufzufallen. Auf diesen vorbereitenden Wegen hatte ich Zeit, über meinen Zugang zu diesem Thema nachzudenken und beschloss das ‚Wesen des Barock' von den Beispielen seiner äußeren Erscheinung zu lösen und in die Sehweise, also in das Bild selbst hineinzuziehen: Vom Sehen der Architektur zur Architektur des Sehens. Nicht der Barock als abgeschlossenes Bildwerk in Malerei und Architektur war zu fotografieren, sondern das Wesen dieser barocken Stadt selbst, die die Geschichte ihrer Zerstörungen und andauernden Bedrohungen durch ihren Vulkan auf morbide und vitale Weise zugleich in ihre Gegenwart integriert. Genau dieses Spannungsfeld von Ekstase, Tod und Wiedererrichtung erschien mir als ihr immer aktuelles barockes Wesen.

Am dritten Tag meinte ich dann doch mein erstes Bild machen zu dürfen und nahm die Kamera dafür zum ersten Mal aus dem Plastiksack. Nur ein Klick und schon hörte ich ein Motorradgeräusch von hinten näher, dann hautnah kommen, schon griff eine Hand den Schulter-Riemen meiner Hasselblad und ein junger Mann rechts von mir hielt meine Kamera mit beiden Händen und zerrte gegen nichts als den Griff meines Daumens, der den Gurt hielt. Wir schauten uns in die Augen und rangen um das Ding, das mir so teuer war und ihm so begehrlich. Ich nahm nicht wahr, dass ein Zweiter auf dem Motorrad unseren Kampf links von mir begleitete und auf der Höhe blieb. Was genau meinen Angreifer dann dazu brachte aufzugeben, wissen wir wohl beide nicht, mein NO!!! muss durch den ganzen Straßenraum geklungen haben und der Blick in die Augen war sehr schwer auszuhalten, für uns beide. Der Strategie des Überfalls wurde ich mir erst bewusst, als das

Motorrad den jungen Mann wieder aufnahm und mit aufheulendem Motor davonraste. Nach einer Pause in einem Café blieb mir nichts übrig als gleich weiter zu fotografieren, so wie man auch gleich wieder aufs Pferd steigt, nachdem man heruntergefallen ist. Im Gehen wurde mir bewusst, dass das Unbestimmte und Unbekannte, das die Angst ausmacht, statt der Kamera gegangen waren, und ich beschloss diese jetzt offen zu tragen und zu fotografieren, wie eine Touristin es nicht tut, Konzentration und Energie entstehen zu lassen, in die niemand so leicht eindringen kann. Auch hielt ich die mich weiterhin in größerer Entfernung umlauernden Gruppen von jungen Männern im Blick und schaute sie immer wieder direkt an, wie ich es in dieser Begegnung gelernt hatte. Sie waren chronisch arbeitslos und der Not der Beschaffung von Drogen verfallen.

Außer einem kleinen recht und schlecht gedruckten Katalog hat die Stadtregierung von Neapel aus dem Engagement der Fotografen nicht genug gemacht. Keine weitere gemeinsame Ausstellung, kein Austausch, keine Konsequenz. Es hätte so viel mehr entstehen können für diese wunderbare Stadt. Manchmal scheinen Ideen-Auftraggeber sich der eigenen Rolle nicht in der Weise bewusst zu sein, dass sie die Anstrengungen der Beauftragten bis zu Ende begleiten und nachhaltig in die Welt setzen, wofür sie gedacht gewesen waren.

In der Glyptothek 1985

Meiner alten Liebe zu den griechischen Skulpturen war tatsächlich eine Bühne gegeben worden, auf der ich über zwei Jahre das Flüstern zwischen Licht und Raum und zwischen den Göttinnen und Göttern beobachten durfte. Der Leiter der Glyptothek in München, Klaus Vierneisel, hatte mich beauftragt, sein Museum zu fotografieren. Die Bilder sollten darin selbst ausgestellt und von einem Buch begleitet werden. Im Kontext der Gepflogenheiten einer archäologisch-kunsthistorischen Institution und der Interessenslage ihres Förderkreises war der Auftrag mutig und kontrovers. „Das Alte sollte ruhen dürfen und nicht von dem Blick zeitgenössischer Fotografen aufgestört werden!" Aber Herr Vierneisel gehört zu jenen unbeirrbaren Museumsdirektoren, die ihre Vision durchsetzen. Weder sein Museum als Bauwerk noch die darin lebenden antiken Skulpturen betrachtete er als historisch.

So wie sie heute nach ihrer durchgestandenen Geschichte erscheinen, kann man sie als gehäutet bezeichnen. Ihre aktuelle weiss-marmorne Nacktheit drängt sich als die gedankliche Abstraktion dessen auf, als was sie erschaffen und wie sie als grellbunte Figuren im südlichen Licht ihrer Herkunft gestanden waren. Auch das Gebäude hatte im Zweiten Weltkrieg seine farbig-ornamentale Ausgestaltung verloren, und die Fachwelt blieb vor der Frage der möglichen Rekonstruktion über fast zwanzig Jahre zerstritten. Der heutige Entwurf setzt die Göttinnen und Götter vor rohen Ziegelwänden von allen vier Innenhofseiten dem wandernden Licht aus, in dem sie wie Hausbewohner atmen und miteinander leben und flüstern. Als ich einmal einen alten Wächter vorsichtig fragte, ob denn diese eine immer im Schatten stehende Skulptur wirklich nie vom Licht berührt würde, nannte er mir einen einzigen Tag im Spätherbst und eine einzige Stunde und Minute. Dann ginge ein Licht über die rechte Wange des Gänsemädchens.

Um auch hier meinen eigenen Blick zu relativieren und die Fotografie selbst genauso zur Sache zu machen wie das Fotografierte, bat ich Herrn Vierneisel, den Auftrag auch noch auf den fotografierenden Arzt Albrecht Ohly auszudehnen, von dessen eher konzeptionellem Zugang zum Fotografieren und vor allem seinem feinen und gebildeten Blick ich mir für dieses Projekt viel versprach. Als wir uns die Bilder nach Beendigung des Projektes zum ersten Mal zeigten, staunten wir über die Konsequenz, mit der er Tod, Schmerz und Einsamkeit und ich Leben, Licht und Begegnung gesehen hatten, und wir bekannten einander, dass wir gerne einmal unsere Augen tauschen würden. Aber dazu hätte ich erst Oberärztin in der Intensivstation der Inneren Medizin werden müssen, denn ein solcher Blick kommt nicht von ungefähr.

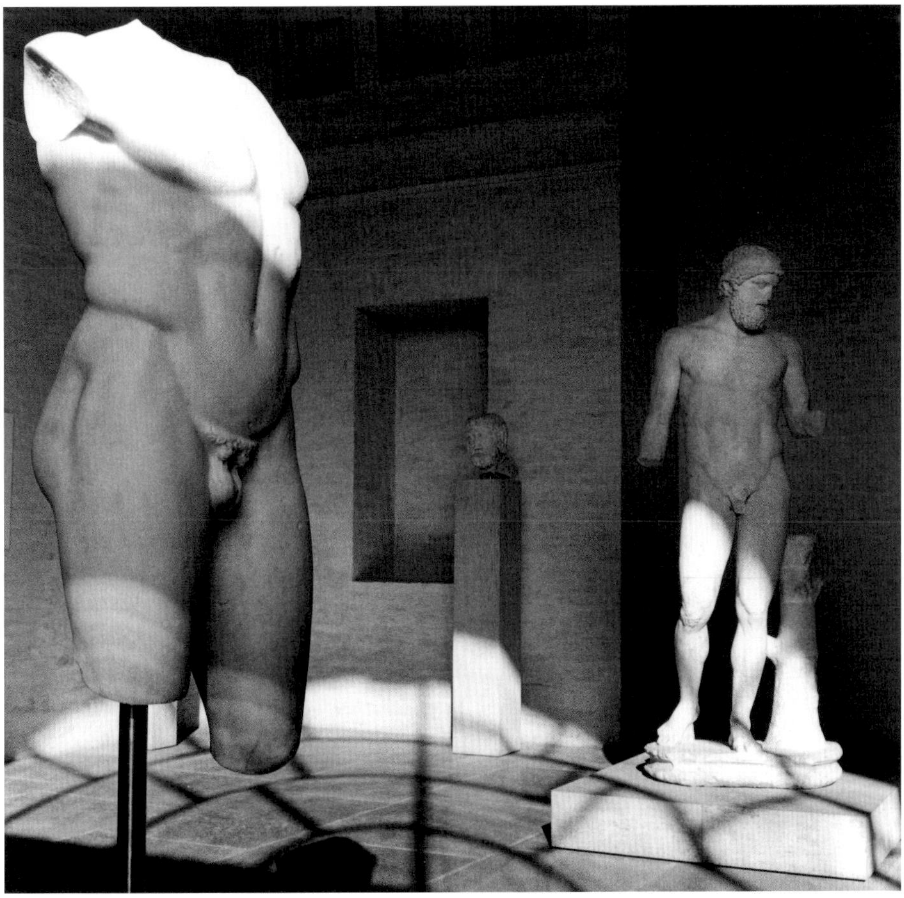

Siemens-Foto-Projekt 1989

Oft liegt zwischen einem persönlichen Projekt und einem Auftragsprojekt nur der kleine Schritt, das Beauftragte so anzunehmen, als sei es selbst gewählt. Den Auftrag zu verstehen als „einen Auftrag zum Selbstauftrag", wie es in einem Vorwort zum Katalog des Siemens-Projekts definiert ist. Dass es mir zum eigenen Projekt wurde, lag an dem Mut, den das Unternehmen zeigte, seine Tore zu öffnen und sich zu stellen – und damit auch meinen Mut forderte, mich den Fragen zu stellen, die der Name Siemens in mir auslöste.

Nachdem die Stadt Köln mir als Standort zugewiesen worden war, hatte ich nur zu wählen, an welchen Produktionsstätten ich dort fotografieren wollte und zu welchem Zeitpunkt. Köln war damals auch der Wohnort meiner Mutter und fügte sich gut in meine private Situation, da ich meinen jüngsten Sohn in diesem Zeitraum noch stillte und bei mir hatte. Ich war geübt, meine Kinder in meine Arbeit zu integrieren und wann immer möglich mitzunehmen, aber diesmal stand ich vor einem offiziellen Verbot: Ein Baby durfte nicht in die Siemens-Räume hineingetragen werden. Aus dieser Unmöglichkeit entstand der Zeittakt, in dem ich arbeiten konnte. Jeweils drei Stunden, in denen meine Mutter das Kind übernahm. Auch war damit eine begrenzte Gesamt-Bearbeitungszeit am Ort überhaupt entschieden worden. Viele Faktoren führen letztlich zu den Prozessen und Entscheidungen der Bildentstehung. Die Nachbearbeitung nahm in diesem Fall um ein Vieles mehr an Zeit in Anspruch als das Fotografieren selbst. Und die gedankliche Vorbereitung war gleichermaßen entscheidend für die Stimmung, aus der heraus ich meine Fragen an das Phänomen Siemens stellen wollte.

Wenn man sich auf ein Thema wirklich konzentriert, kommen die entsprechenden Quellen und Informationen oft als wundersame Zufälle auf einen zu. Jedenfalls war das so, als es noch kein Internet gab und es z.B. nichts über die Geschichte der Firma Siemens zu googlen gab. Auf einem Weg durch mein Stadtviertel kam ich an einem Buchantiquariat vorbei, dessen ausrangierte Bücher in kleinen Körben draußen vor der Ladentür standen. Meine Gedanken waren nur grundsätzlich auf Siemens konzentriert, mir nicht bewusst in diesem Augenblick, aber der Blick fiel auf ein kleines helles Buch mit dem Titel *Siemens im Dritten Reich*, das mir wie aus dem Korb entgegensprang. Es war eine historische Studie mit Textquellen und historischen Fotografien, die eine in alle Bereiche hereinragende Verschränkung von nationalsozialistischer Politik und Unternehmensführung belegten. Darüber hinaus wurde mir erst durch dieses Buch bewusst, in welchem Ausmaß das Naziwesen in den alltäglichsten Bereich einer jeden öffentlichen Institution hineingewirkt hat, insbesondere auch in die ästhetische Erscheinung von Versammlungsräumen, Kantinen bis zu deren Vorhängen, Geschirr, Besteck und Mobiliar. Alles wurde von gleichem Geist und nach nationaler Vorgabe in relativ kurzer Zeit imprägniert und gleichgeschaltet. Siemens stand dazu noch in besonderem Auftrag.

Diese Entdeckung konnte ich nicht abschütteln, und ich machte mir anfangs mehr politische als ästhetische Gedanken, wie ich fotografieren wollte. Nicht nur die offene und vertrauende Einladung verbot mir, Siemens durch meine Antwort zu kritisieren, sondern auch mein Verständnis von künstlerischer Arbeit und Aufgabe. Wie konnte ich! Aber ich fühlte drängende Fragen, nicht nach der Vergangenheit, sondern nach der Zukunft, und suchte nach Zugängen, die diese Fragen in Bildern ausdrücken könnten. Wie immer war das nicht zu planen, ich musste hinfahren und die Orte aufsuchen, die mich interessierten, das Haus der Verwaltung in Köln, eine Chipfabrik in Witten und die Kölner „Kraftwerksunion", eine schöne Fabrik im alten Sinn, in der die wesentlichen Elemente von Kernkraftwerken nach höchstem handwerklichem Standard und Ethos hergestellt und präzisiert wurden. Aber als ich meinen Begleiter fragte, was wäre, wenn ich einen gelben ‚Atomkraft-nein danke'-Button trüge, meinte er für mein Leben nicht garantieren zu können, so aufgebracht seien die Arbeiter über die Antiatombewegung und die Einbuße des deutschen Standortvorteils.

Genau diese Brisanz war fotografisch zu meistern, zwischen den schönen alten Fabrikhallen mit ihren Ziegelwänden und Glasdächern und ästhetisch perfekten Objekten, stromlinienförmigen Flügeln, Rädern und Scheiben, Rotoren und Turbinen einerseits und der gesellschaftlichen Frage an genau diese Technik andererseits. Es hätten ‚schöne' Fotografien entstehen können, die die Räume, die technischen Skulpturen und auch ihre Techniker und Arbeiter notwendig heroisiert hätten. Das konnte ich nach Tschernobyl und Bhopal nicht mehr verantworten. Außerdem hätte meine leise Frage an Siemens darin nicht zum Ausdruck kommen können. Im Denken darüber, wie diese Frage denn genau lautete, erinnerte ich mich an die kleine Skizze des Hopi-Ältesten in meinem Tagebuch von 1982 in New York. Die Hopi-Prophezeiung. Sie zeichnet eine lineare Entwicklungsdynamik der Menschheit zwischen Natur und Technik. Father Banyacya hatte genau auf den Scheidepunkt gewiesen, an dem wir heute stünden und an dem sich die angebahnte Entzweiung vielleicht gerade noch rückgängig machen ließe. Dieser Punkt war meine Frage an Siemens.

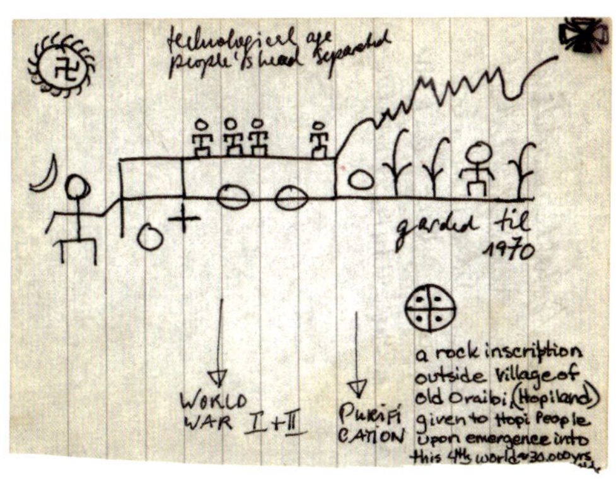

Ich hatte schon einmal vor großen Institutionen gestanden mit einer einfachen Frage im Sinn. Daraus war das im I. Kapitel beschriebene Polaroid-Projekt *Die Lehren der Natur* entstanden. Ein Kartenspiel. Jede Karte trug einen Aspekt von Wissenschaftlichkeit und einen anderen von bildhaftem Denken. Die Karten waren Polaroids und das Spiel entstand an populär-wissenschaftlichen Museen als die Beziehungsfrage zwischen den Karten als Bildern und den durch Schrift zugeordneten inhaltlichen Bezügen, belegten Fakten, Lehrdaten, und didaktischen Strategien. In gewisser Weise war ich ein Eindringling gewesen in diesen Museen, denn meine Absicht wurde durch den Kauf einer Eintrittskarte nicht sanktioniert. Das ‚Entnehmen' der Bilder, so mochte ich es eher nennen als ‚das Fotografieren', geschah meist heimlich.

Ein ähnliches Verfahren drängte sich mir nun für die Arbeit bei Siemens auf. Nicht wegen der Heimlichkeit, sondern weil meine eigentliche Art zu fotografieren hier nicht zu genügen schien und weil das Polaroid einen Eingriff anbot, der die Integration meiner Frage in das Bild selbst ermöglichte. Polaroids lassen sich zum Zeitpunkt ihres Heraustretens aus der Kamera durch Druck auf einen Stift beschreiben oder bezeichnen, was eine Linie ergibt, die je nach Drucktiefe die Farben der berührten Farbkissen und -Schichten in sich trägt und damit vielschichtiger Teil des Bildes wird. Da die Zeichnung der Hopi-Indianer in einen Fels geritzt sein soll, fotografierte ich einen Felsstein auf Polaroid und zeichnete Elemente der Hopi-Zeichnung spontan in das sich gerade entwickelnde Bild, wenn es sich gerade noch unsichtbar aus der Kamera schob. Damit war das weitere Vorgehen entschieden und ich fotografierte alle gewählten Standorte auf die gleiche Weise. Die einzelnen Polaroids druckte ich auf einem Siemens-eigenen Laserdrucker auf DIN A4-Format und stellte sie in fünf Tableaus von ca. 210 × 118 cm zusammen.

Erst im Vergleich mit den anderen Beiträgen im Schlusskatalog war zu erkennen, dass ich grundsätzlich in einer anderen Stimmung gearbeitet haben musste, in einer politischen Grundstimmung, die sicher nicht der Intention der Einladung zu diesem Projekt entsprach, und die vielleicht zu diesem Zeitpunkt schon überhaupt unter Künstlern out of date war. Das Interesse lag doch eher in einer Erweiterung der ästhetischen Zugänge zur Tradition der Industriefotografie und über sie hinaus. Die Beiträge nahmen dann eher vereinzelt ihren Weg in den Markt der Kunst. Zu einem abschließenden Symposium, in dem die unterschiedlichen Positionen in Bezug auf die Industriefotografie im Allgemeinen und Siemens im Besonderen noch einmal hätten unterschieden und geklärt werden können, kam es nicht mehr.

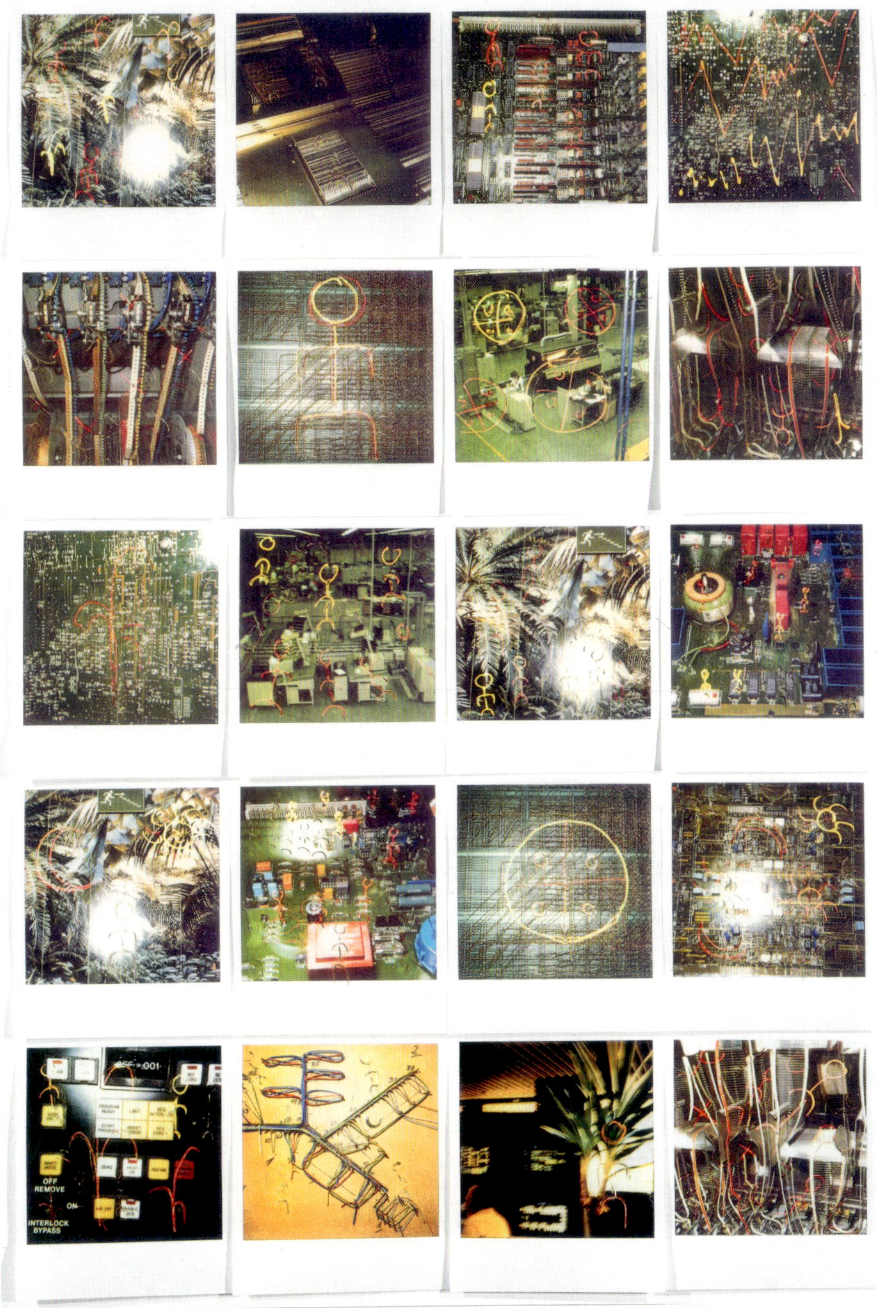
OFF
REMOVE
ON
INTERLOCK
BYPASS

Die Arche Noah 1991

Dieses persönliche Auftragsprojekt hatte sich in einem Gespräch mit dem Herausgeber des Graphikheftes *High Q* entwickelt, der das vielversprechende Thema *Die Arche Noah* für das nächste Heft vorbereitete. Ich schlug ihm das Projekt *Biosphäre II* in Arizona vor, weil es mich faszinierte und ich auch die Menschen kannte, die dahinterstanden. Das gesamte Projekt, ein Raumschiff für den Export der Biosphäre auf den Mars, sollte eine hundertjährige Vorbereitungszeit umfassen, aber die Aufregung und Energie, die das ganze Camp ergriffen hatten, galten der ersten zweijährigen Testphase. Als ich meine alten Freunde aus den 80er Jahren brieflich um Erlaubnis bat, ihr Projekt im Kontext Arche Noah fotografieren und beschreiben zu dürfen, zeigte ihre verhaltene Antwort schon ihr belastetes Verhältnis zur Presse. Zuviel Zynismus sei ihnen schon entgegengeschlagen, wenn sie Journalisten auf das Camp gelassen hätten. Gerade in ihrer Vorbereitungszeit auf die erste Mission ließen sie keinerlei Presse und keine Fotografen zu, aber da sie mich gut kannten und ich in ihrer Londoner Galerie schon ausgestellt hätte, dürfte ich als Künstlerin kommen. So reiste ich im Dezember 1991 nach Arizona in die Wüste. Diesmal war ich für Text und Bild zuständig.

aus: *High Q*, 1991

Eine Gruppe amerikanischer und europäischer Naturwissenschaftler und Ingenieure bereitet gegenwärtig die Auspflanzung des Menschen auf einen anderen Planeten in einhundert Jahren vor. Dieser Überlebensgedanke entspringt einer neuen interdisziplinären Wissenschaft des Lebens auf dieser Erde und seiner existentiellen Möglichkeiten und historischen Aufgaben im Weltraum. Ziel und Voraussetzung solchen Denkens ist eine radikale Veränderung des kulturellen Verhaltens gegenüber der Natur. / Die neue Wissenschaft heißt ‚Biosphärik'. Sie gründet sich auf die pionierhafte Arbeit des russischen Wissenschaftlers Vladimir Vernadsky, dessen Zusammenschau irdischer bio-geo-chemischer mit kosmischer Strahlung 1926 in einer neuen Theorie der Biosphäre mündete. Erst jetzt, gedrängt von der Not der Erde, findet seine Theorie Anwendung in der wissenschaftlichen und praktischen Arbeit des globalen ‚Institute of Ecotechnics' (Technik der Ökologie und Ökologie der Technik). Die Mitglieder dieses Instituts realisieren seit fünfzehn Jahren weltweit Forschungs- und Lebensmodelle, um die optimistische Vision einer Synenergia zwischen Natur und Technik, Biosphäre und Technosphäre in die Tat und in die nächstweite Dimension einer Weltraumbesiedelung um zu setzen. Biosphäre heißt: Sphäre, Hülle, Schicht des Lebendigen auf dieser Erde, der einzigen bisher als lebendig-bekannten, oder einfach: Natur. / Die Technosphäre folgt aus der Energie freisetzenden

Aktivität der Biosphäre, die grundsätzlich Material im Umlauf hält und dabei entwicklungsmäßig ausliest, was sich der produktivsten Ausnutzung von Substanz, Energie und Information widersetzt. Die menschlich betriebene Technosphäre hat sich der sonnenbetriebenen Biosphäre gleichgeschaltet und damit zu der zweiten großen Veränderungskraft dieses Planeten entwickelt. Die Vision der Biosphärianer ist die Versöhnung dieser beiden bisher unversöhnlichen Kraftsysteme …

Mein Besuch fand nur zwei Wochen vor Beginn der ersten ‚Bemannung' der Station statt. Die Crew und das gesamte Camp waren in konzentrierter und euphorischer Vorbereitung, jede und jeder an seinem Platz. Die Vorstellung, dass ein Schiff oder Raumschiff be‚mannt' sei, wirkte dort besonders anachronistisch, denn genauso viele Frauen wie Männer bereiteten sich in ihren orangefarbenen Astronauten-Anzügen auf die experimentelle zweijährige Mission vor. Von den vier Tagen, die ich in dem Camp verbrachte und fotografierte, durfte ich nur einmal für einen Morgen in die hermetisch abgeriegelte Welt der Biosphäre selbst eintreten. Der Baukörper war ein einziger geodätischer Dom über einer Bodenplatte, unter der sich die gigantischen Maschinenräume befanden. Das ergab einen umbauten Raum von 204.045 Kubikmetern. Es gab kein Entrinnen von dem Anblick des dreidimensionalen Tragwerks, das den Himmel dieses künstlichen, eines Tages in den Weltraum zu exportierenden Lebensraums darstellte und bedeutete. Wenn ich den Blick senkte, sah ich die Schatten der Gitterstruktur auf meiner Haut und auf den Blättern und Steinen. Dieses Gefühl, unausweichlich hinter Gittern zu sein, war nur eine meiner Vorstellungen von den Herausforderungen des geplanten Aufenthalts in dieser imaginären Marsstation. Eine besondere Mischung von Euphorie und Disziplin hatte das ganze Camp erfasst.

Wie das Abenteuer ausging, konnte ich erst 2011 zum 20. Jahrestag im Netz genauer nachlesen. Bis dahin hatte ich nur Gerüchte gehört, dass das Projekt als wissenschaftliches Experiment gescheitert, die Autarkie der inneren Biosphäre 2 kollabiert sei. Die erste Crew hatte trotz psychischer und physischer Erkrankungen ihre zweijährige Mission durchgehalten, musste aber Sauerstoff von außen importieren. Die nachfolgende schaffte nur sechs Monate. Die Anlage wurde später von der NASA und verschiedenen Universitäten als Test- und Forschungsstation, u.a. auch als Touristenattraktion übernommen. Die Öffentlichkeit lachte über die Visionäre und tat sie ab als typische Utopisten der 80er Jahre. Mich hatte genau diese Zeit mit ihnen verbunden.

„Salzburg – an Artist's View" 1994

Zu diesem Zeitpunkt hatte sich meinen Abschied von der Fotografie schon überlebt und in neue Projekte integriert. Auch das Unbedingte meiner Wahrnehmung eines Mediums im Verschwinden hatte sich relativiert. Die Arbeit selbst, Fotografien, die gebraucht wurden, holten mich wieder ein.

Der Fotohof Salzburg hatte ein Projekt erdacht und als Auftrag an fünf nicht einheimische, aber mit dieser Stadt eng verbundene Fotografen vergeben. Die schöne Stadt Salzburg ist ebenso schwer zu fotografieren wie eine schöne Frau, die sich selbst als Titelbild kennt. Gehört Salzburg nicht auch zu den meist fotografierten Städten? Was macht eine Stadt schön? Es fällt leicht, und es ist sogar interessant, solche Kriterien zu denken und zu schreiben, aber Schönheit als Konvention interessiert keinen Fotografen. So wie das Wesen des Barock in Neapel nicht unbedingt als Dokument seiner barocken Bauwerke zu fotografieren war, braucht die schöne Stadt keinen Beleg ihres Reizes. Genau das Gegenteil war wohl auch das Anliegen der Auftraggeber vom Fotohof und darum wählten sie einen Titel, der eher auf eine distanzierte Sehweise deutet.

What is ‚an Artist's View'? Die somit zur Künstlerin befreite Fotografin durfte sich frei von jeglicher vorgegebener Verpflichtung gegenüber der sichtbaren Welt fühlen, um sich dann umso lebhafter der Frage zu widmen, was es ihr bedeute, diese Stadt zu fotografieren. Zu dieser Erkenntnis kam ich aber erst nach einigen fotografischen Pflichtübungen, die ich wie gewohnt durch die Stadt vagabundierend nach Hause brachte. Jedes Mal waren genug interessante Fotografien entstanden. Zu viele, um zu denken, ich sei erfolgreich unterwegs, was diesen Auftrag anging. Die Herausforderung lag nicht darin, mich als ‚gute Fotografin' fühlen zu dürfen, sondern eine präzise Antwort auf diese Stadt zu finden. Seit ich Salzburg kenne, habe ich seine Schönheit gekostet und genossen, aber das ist nur die halbe Wirkung. Ich kannte auch die Schatten. Die Mischung von Süße, Enge, Härte und Selbstgewissheit. Den Sog des Geschäftes mit den Touristen. Ein lähmend konservatives Grundgefühl. All das warf einen Schatten auf das von dutzenden Kupferkuppeln erstrahlende Salzburg vor der südwestlich gelegenen Felswand, in die die Stadt einst mit monumentalen Parklabyrinthen, Tunnels, Festspielbühnen und Wohnhäusern hineingetrieben worden ist. Diese mentale und physische Wand geriet nun ausschließlich in meinen Blick, diese gewaltige Felswand, die die Altstadt zu zwei Dritteln wie mit Festungsmauern begrenzt, in einem Halbkreis hoch umrandet und nur zum Fluss hin freigibt. Genau das macht aber auch ihre Schönheit aus, die sich dem Blick von oben über die gesamte Länge des Höhenzugs schenkt, gekrönt von der Burg selbst. Von unten gesehen stoßen ihre plastischen Fassaden gegen diese gewaltige graudunkle Wand.

Aus den dann mit dem genaueren Fokus entstandenen Fotografien suchte ich fünf aus, die einen so vollständigen Bildaufbau besaßen, dass ihnen nichts verloren ging, wenn man sie in vier gleiche Teile teilte. In der Schlussausstellung ergaben diese Viertel und ihr Ursprungsbild mit einer Größe von je 50 cm² dicht zusammengehängt eine Wand von 25 Bildern, so hart und grau, so schön und so monumental wie die Felswand selbst. Zu meiner Überraschung kommentierte ausgerechnet der Bürgermeister diese Arbeit mit der Bemerkung „Ja, so sehe ich diese Stadt!"

Die Reduktion auf Bruchteile von Bildern half mir die eigentliche Absicht herauszuarbeiten. Ich akzeptierte die Teile als gleichwertige Ganze, auch wenn dabei zwei vollkommen schwarze Quadrate entstanden, so schwarz wie im Innern der Höhlen des Felsens, in denen einmal Blinde für Sehende eine beunruhigende Ausstellung über das Dunkle gemacht haben. Da die Fragmente auf die gleiche Bildgröße vergrößert wurden, wirkten sie wie eine Nahaufnahme, wie ein deutlicher Schritt näher, wie eine Berührung eher denn als Effekt einer Telelinse.

Die hiermit endende Beschreibung beauftragter Projekte hat die eigentliche Chronologie so weit überholt, dass es einen ebenso weiten Zeitschritt zurück braucht, um diesen widerspenstigen Faden wieder aufzunehmen.

Ein Schafstall Anfang der 80er Jahre hatten Otto und ich eigenhändig einen Schafstall in der Toskana, anfänglich ohne Strom und Wasser, aufgebaut und Zutrauen zu unserer Übereinstimmung gelernt, was uns schön und angemessen erschien im Bauen mit alten Strukturen. In diesem Fall eine schon lange leer stehende, noch bedachte Ruine in einem verwunschenen, schattigen Kastanienhain am Südhang des Apennin. Diese Ansammlung von Steinen, unten Ställe, oben drei Räume, entwickelte sich gemächlich zu einer Turm-Skulptur, an der wir jeweils weiterbauten, ohne einen Endzustand anzustreben, und an der wir aufgrund ihrer einfachsten Ausstattung nicht verzweifeln mussten, wenn uns wieder einmal bei der Ankunft die groben Spuren eines Einbruchs willkommen hießen, der mehr von Vandalismus als von Not erzählte. Vor allem die Werkzeugkiste war immer wieder neu aufzustocken. Dieser raue und archaische Ort war uns in den unruhigen 80er Jahren eine Quelle der Ruhe und der Inspiration, und neben der Bauerei entstanden die Entwürfe für unsere jeweiligen Architektur- und Fotografieprojekte. Immer schon hat mich das Gegenteil von Komfort angezogen, um meinen eigenen Puls im Einklang mit dem der Welt zu fühlen.

Es gab grundsätzlich nur wenige Anlässe zu reisen: ein fotografischer oder architektonischer Auftrag, das Bauen selbst oder ein spiritueller Retreat. Die Vorstellungen meiner Generation von einer äußerlich und politisch zu verbessernden Welt hatten sich meiner persönlichen Suche nach dem, ‚was wirklich wirklich' und wie das zu erfahren und zu teilen ist, schon seit Ende der 70er Jahre untergeordnet. Der Umgang mit dem Bild hatte meine Aufmerksamkeit auf das Phänomen der Wahrnehmung und des Bewusstseins gerichtet. Es lag dann nahe, meine Yogaübungen um die Dimension der Meditation zu erweitern. Entsprechend der alten Tradition des Yoga ist es nur ein kleiner Schritt von dem Yoga des Körpers zu dem Yoga des Geistes. Ich empfand es 1981 als einen gewaltigen Schritt, über den man damals besser mit niemandem sprach. Zu voreingenommen gegenüber östlichen Philosophien und Traditionen waren damals meine intellektuellen Freunde.

Es tröstete mich zu erinnern, dass das nicht immer so war und dass z.B. mein eigener Kunstlehrer an der Technischen Hochschule in Aachen, Hubert Berke, ein Schüler von Paul Klee, seit 1951 ein bestimmendes Mitglied der Künstlergruppe ZEN 49 gewesen war und mit dieser auf der Documenta 1959 ausgestellt hatte. Von seinen östlichen Interessen hatte er uns nie erzählt, aber er bedeutete mir als Persönlichkeit sehr viel und hatte geholfen, die harten ersten Jahre des Studiums durchzuhalten. In den 70er Jahren gab es gerade in den USA verschiedene ZEN-Schulen berühmter Lehrer, zu denen die Intellektuellen und Künstler der West- und Ostküste pilgerten. In beiden Fällen, in der Nachkriegszeit wie in den ‚bewegten' 70er Jahren, wurde innerhalb dieser Künstlergruppen eine Kunstpraxis geübt, die ein Gleichgewicht zurückgewinnen und Geistesgegenwart und Achtsamkeit als Lebenshaltung fördern sollte. Der künstlerische Ausdruck selbst diente keineswegs auf direktem Wege spirituellen Inhalten und Themen. Solch eine Instrumentalisierung wäre ein Missverständnis gewesen, denn was man oft meditative Bilder nennt, hat als Genre nicht notwendig mit den Erfahrungen eines Künstlers zu tun, der meditiert. In den USA fand sich auch eine Gruppe ZEN-Fotografen zusammen, deren Bildergebnisse mich aber nicht überzeugten. Vielleicht rückte die fotografische Neigung des Ästhetisierens der alt-japanischen Ästhetik zu nahe, ohne sie eigentlich zu verstehen. Die Bilder wirkten spannungslos in ihrer graphischen Ausgeglichenheit.

Grundsätzlich hatte ich schon als Studentin den Weg des Zen ins Auge gefasst; doch stattdessen führten mich die schönsten Zufälle 1981 in den Norden Indiens, und ich wurde Schülerin eines sehr alten Meisters, der eine revolutionär moderne Version des alten Yoga des Geistes, des Raja Yoga, verkörperte. Die gleiche innere Neigung, die mich zur Fotografie geführt hatte, öffnete mich auch durch diese hindurch zu einer spirituellen Lebenshaltung. Der Funken der Wirklichkeit, der die Wahrnehmung anzieht und auslöst, ist im fotografischen Vorgang der Funken und der Schimmer des Lichtes, dem die Materie zuspielt, um erkennbar zu werden und Erkenntnis möglich zu machen.

Otto und ich hatten zu verschiedenen Zeitpunkten und aus unterschiedlichen Lebenserfahrungen heraus begonnen zu meditieren, aber wir hatten dann den gleichen Lehrer, fuhren nach Indien und entwarfen dort gemeinsam Häuser für die Meditation. Dieser zuverlässige Grund der geteilten Stille und des zugänglichen Herzens wurde unsere eigentliche Ressource für alle Herausforderungen des gemeinsamen Lebens.

Im ersten Kapitel ist der rhetorisch-alchemistische Hintergrund meiner Gedanken zur analogen Fotografie beschrieben, in unserem Schafstall ergab sich dazu die Möglichkeit einer praktischen Anwendung: In einer Bauphase vor dem Verputzen der inneren Wände dieses Hauses beobachtete ich die sich in Form und Position verändernden Lichtflecke, die die vielen kleinen alten und neu hineingehauenen Fenster im Laufe der Wanderung der Sonne um das Haus auf die rohen Wände warfen. Ich vergoldete ihr flüchtiges Erscheinen mit Goldstaub, sodass es als Goldfläche fixiert blieb, nachdem es als Licht verschwunden war. Auch diese Erscheinung war in einem anderen Zeitmaß flüchtig, denn sie verschwand eines Tages unter dem Putz. So dokumentieren die Fotografien als leuchtende Cibachromes die Erinnerung an das in Gold verwandelte, einmal gewesene Fensterlicht.

Landarbeit zwischen Architektur und Fotografie seit 1991

Der Hof Das Jahr 1989 bedeutete neben der politischen auch den Beginn einer persönlichen Wendung. Ein zwar heruntergekommener, jedoch ursprünglicher Vierseithof in Niederbayern kam unerwartet, nicht einmal erträumt, in unseren Besitz. Er war umgeben von dazu gehörenden Wiesen und Feldern, die miteinander Kreise bildeten und als große Lichtung von einem Waldkreis umgeben waren. Niederbayern war das Herkunftsland von Ottos Mutter und ihm als Landschaft aus der Kindheit vertraut. Mit Hilfe engagierter Architekturstudenten halfen wir dem Hof sanft und vorsichtig aus seinem Schlaf. Über zwei Jahre verbrachten wir dort alle Wochenenden und Ferien, bevor weitere Entscheidungen fielen. Mein jüngster Sohn war zwei Jahre alt, ich unterrichtete noch in Zürich und Salzburg, und meine Bilder verschwanden gerade wie beschrieben unter Silber.

Ottos Tochter lebte viel bei uns. Sie war unheilbar krank und starb im November 1992 im Alter von 25 Jahren. Durch diesen Tod lernte ich, daß Trauer nicht zu teilen ist. Es ist das, worin der Trauernde allein ist und wovon man nichts abnehmen kann, wie sehr man sich auch bemühen mag. Der Verlust ist eine eigene Wirklichkeit, die den Trauernden umgibt wie ein Geheimnis für den anderen und die ihn vielleicht nie wieder ganz verlässt.

Wir hatten nicht von einem anderen Leben geträumt, doch dieses Stück Land war uns wie in den Schoß gefallen und verlangte selbstverständlich nach unserem Einsatz. Von Anfang an fühlte ich eine ernste Verantwortung für diese Felder, Wiesen und Wälder. Die Ackerböden waren schwer, lehmig und ausgelaugt und erst nach fünf Jahren biologischer Bewirtschaftung und Pflege wurde uns das biologische Gütesiegel zuerkannt. Erst ab dann brachten wir die Ernte in die Biomühle. Wir waren Liebhaber-Bauern geworden, wie ich Amateur-Fotografin gewesen war, und wieder hatte sich eine alte Milchküche in eine Dunkelkammer verwandelt.

Im Jahre 1991 hatte ich zur Überraschung aller kurz vor der Einschulung unserer zweitjüngsten Tochter beschlossen, Montag morgens nicht mehr nach München zurückzufahren und ganz und ausschließlich mit der Familie auf dem Hof zu leben. Es war mir bewusst, dass diese Entscheidung nicht einfach nur einen Umzug, sondern einen grundlegenden Abschied von meinem kulturell so integrierten und aktiven Stadtleben bedeutete. Ich war 45 Jahre alt, für einen Rückzug zu jung, aber für einen Aufbruch alt genug. In kleinem Maß war es auch eine Reaktion auf die Neuordnung der fotografischen Welt, in größerem Maß war die Sehnsucht beteiligt, der Komplexität des bis dahin ‚angerichteten' Lebens den Rücken zu kehren und in eine Einfachheit zurückzutauchen, die ich zwanzig Jahre vorher gekannt hatte. Den Kindern wollte ich dieses ländliche Leben nicht nur am Wochenende bieten, sondern als Existenz mit allem Einsatz, und für Otto und mich war es das Versprechen, einen festeren Boden unter das gemeinsame Leben zu gründen.

Wenige Monate nach dieser Entscheidung bot mir die Hochschule für Gestaltung in Zürich genau die Aufgabe an, die mich nach allen menschlichen und fachlichen Erfahrungen dort überaus verführen musste. Ich sollte die Leitung der Abteilung Fotografie übernehmen, ein Fulltime-Job, der erfordert hätte, ganz nach Zürich zu ziehen. Im Anblick meiner Zerrissenheit ging Otto so weit, mir seine Bereitschaft zu zeigen, mich mit den Kindern zu begleiten. Genau dieses Angebot und die Vorstellung, was das bedeutete, halfen mir, mich für das gerade gewählte Leben auf dem Hof zu entscheiden und in Zürich abzusagen. In der Folge dieser Entscheidung verringerte sich Jahr für Jahr unübersehbar die Zahl der Ausstellungen, Angebote und Nachfragen aus der alten städtischen Welt. Dafür wuchsen Projekte mit anderen Künstlern in der ländlichen Region. Auf die vielen Fragen, wo ich denn geblieben sei, hätte ich gerne mit einem gespielten Stoßseufzer geantwortet:

„Könnten wir mich doch einfach eine Bäuerin nennen, die die Eigenart entwickelt hat, trotz allem zu fotografieren. Dann könnten viele Vorbehalte und Fragen wegfallen und es bliebe nur diese: ‚Ja, was wird sie wohl fotografiert haben – trotz allem?' Dann wäre es auf jeden Fall erstaunlich, dass so viel dabei herausgekommen ist, neben der eigentlichen Arbeit auf dem Feld und im Wald und mit den Kindern und Tieren. Man würde ihr einen starken Willen und eine gewisse Besessenheit nachsagen müssen, dass sie den Blick nicht hat untergehen lassen in all dem, was zu tun war, und dass sie ihre optischen Geräte bereithielt neben all dem Werkzeug, den Maschinen und Fahrzeugen, den Tanks mit alten Fotochemikalien neben Diesel- und Benzinkanistern, und dass sie sich Zeit zu nehmen wagte, einen anderen, gesonderten Blick zu tun. Die Bilder selber würden von diesem Hof und diesem Ort und dieser Landschaft wie von innen erzählen, sie gewönnen eine unmissverständliche Legitimation. Was immer ihre Geschichte wäre, sie dürfte sie erzählt haben, weil sie zum Ort gehörte, den sie wahrscheinlich nie verließ. Was immer sie betrachtungswürdig gefunden hätte, gerade darüber würde man staunen. Überhaupt, was diese arbeitende Hand auf diesem Auslöser gesucht haben mag? Irritieren könnte der Schönheitssinn, diese Triebfeder, die den Impuls zu fotografieren sichtlich ebenso auslöste wie jeder lebendige Anlass, dem sie als wirkliche Bäuerin begegnet wäre, auch eine gewisse integrierte fotografische Nachdenklichkeit, Reduktion oder Auswahl der Bildmittel, und wie weit sie gegangen wäre in der Betrachtung der Naturerscheinungen an sich, da hinein kann ich mich, die die andere ist, die die Bäuerin nicht ganz ist, nicht wirklich hineinversetzen."

Bilder der Arbeit 1997

Es ist eben so einfach nicht, weder mit der Identität, noch mit der Intention, noch mit dem Kontext, und darum steht alles fotografische Tun ständig im inneren Kreuzverhör, von innen wie von außen. Keine Frage, die an ein Bild zu stellen ist, erweist sich als für dieses überflüssig. Ich lebe bäuerlich, aber mein Nachbar würde mich noch heute nicht eine Bäuerin nennen, auch wenn ich seit 25 Jahren Haus und Hof, die Wiesen und die Wälder halte, erst neben meinem ‚Bauern', dann, seit 2004 allein. Die Felder habe ich seitdem verpachtet.

Mit einem frühen Sony-Mini-Camcorder versuchte ich ab 1996 das Arbeiten auf dem Lande zu filmen: pflügen, säen, ernten, Ampfer stechen, Wiesen mähen, Bäume fällen, Äste hechseln, Zäune bauen. Das Kommen und Gehen des dabei entstehenden Tons, auch die Geräusche der Maschinen, ihr Lärm, ihr Krach wurden dabei ein ebenso bestimmendes, zu entscheidendes Mittel wie die Bildfolgen selbst, das Bewegungstempo der Einstellungen, die Rast der Bilder, das Warten, der Zustand des Arbeitens ohne Anfang und Ende, vor allem die Langsamkeit der Arbeit. Ich wollte die rhythmische Folge von Zerstörung und Aufbau, Säen und Ernten, Winter und Sommer begleiten, so nah wie diese neuen Kameras und der alte Traktor das erlaubten, wenn man sie zum Beispiel beim Pflügen mit der Hand, die nicht schalten musste, nah an die Räder oder zu den aufwühlenden Erdwellen hin hielt, und ebenso nah an der eigentlichen Dauer eines Arbeitsvorgangs. Der Filmschnitt interessierte mich frühestens an dem Punkt, an dem der Traktor am Waldrand zu wenden und die Pflugscharen am Ende einer Feldstrecke in die neue Position zu bringen waren. Die Bearbeitung des Feldes ist eine ästhetische Erfahrung im Detail ebenso wie in der großen geometrischen Ordnung. Die gesamte Länge einer Fahrt mit dem Geräusch des Zweitakters ähnlich einem Schiffsmotor, dem schwankenden Rauchrohr und den Vogelschwärmen, die herbeieilen wegen der Würmer, die in frisch aufgebrochener Erde an die Oberfläche kommen, ergeben in dem Film ein einziges ununterbrochenes Bild, aus dem nicht frühzeitig zu klettern ist. Die in Jahreszeiten geordneten größeren Phasen liefen schließlich parallel zueinander in zwei Monitoren, sodass das winterliche Geschehen in dem einen z.B. vom sommerlichen Arbeiten im anderen begleitet wurde, auch wenn der leise Krach beim Baumfällen im Schnee links die laut summenden Insektenwolken über dem Erntefeld rechts übertönen sollte, oder umgekehrt.

Die Miniatur Digital Videos als Technik fanden sich bald in den Händen vieler experimentierfreudiger Fotografen, die vielleicht schon lange als Sehnsucht vorweggenommen hatten, was die Technik im Begriff war anzubieten, ein Ausstieg aus den Grenzen des stillen Bildes der Fotografie, die auf Zeitdauer und Bewegung verzichtet. Unvermittelt stand man im Kontext widerspenstiger künstlerischer Videos in all ihrer Mannigfaltigkeit, ihrem Anspruch und ihrer Radikalität, ihrer Sprache, Selbstreflexion und ihrer Geschichte. Ich merkte bald, dass doch die ‚Stills' aus den Filmen, als die stillen, beharrlichen Bilder mich mehr einnahmen als der Filmverlauf selbst.

Auf dem Land gerät die Arbeitsteilung leicht in alte Spuren, der Mann bewältigt die schwere Feldarbeit, die Frau umsorgt Kinder, Haus und Hof. Ich sah das kommen, bei aller Bewusstheit und bei aller Übung, wir hätten dem verfallen können. Stattdessen intensivierte sich die Zusammenarbeit in den vierzehn Jahren, die uns noch miteinander bleiben sollten, auf dem Feld, im Wald, im Stall, bei besonderen architektonischen Entwürfen erst in Indien und später in China, in gemeinsamen Ausstellungs- und Buchprojekten oder in einem Beitrag für die Architektur-Biennale in Venedig. Der Hof war eine vielfältige Produktionsstätte geworden und um den Tisch saßen meistens acht bis zwölf Personen. 1994 wurde ich offiziell in Niederbayern eingemeindet, indem mir der Kulturpreis des Landes Ostbayern in Regensburg verliehen wurde.

Architectural 1994

Aus langen Gesprächen mit dem jungen Architekten Florian Kossak, der bei Otto Steidle in Berlin gerade Diplom gemacht hatte und ein paar Monate auf dem Hof verbrachte, entwickelte sich eine gemeinsame Vorstellung von einem Buch, das Architektur und Fotografie anders und neu zueinanderstellen sollte. Ottos Skizzen als Keimlinge seiner Bildvorstellungen und meine Fotografien seiner Architektur bildeten ein Paar, das die Buchhändler in Verlegenheit brachte, ob das Buch in die Abteilung Architektur oder Fotografie einzuordnen sei. Außerdem begleitete es eine Serie von Ausstellungen in sechs europäischen Städten mit dem gleichen Titel: *Architectural – Zwischen Architektur und Fotografie*. Auszüge aus meinem Vorwort erklären am besten, was das Wörtchen ‚zwischen' bedeuten sollte.

… Wenn ich an Architektur denke, ist mir gleichzeitig die ganze Welt, die diese füllt, im Sinn. In der Gegenwart der große Bereich der Konzeption, von der Skizze über Konstruktionsstudien, Zeichnungen, Modelle, Ausführungen. Danach und gleichzeitig von der Baustelle bis zum Gebäude, dieses neu und dieses im Gebrauch, dieses an seinem Ort und in Reaktion der Menschen, die es benutzen, oder die in ihm Achtung schenken, naive oder professionelle. Und schon spreche ich von der Architektur als Gedanke, Idee, Vorstellung, Theorie, Geschichte, und Architektur als künstlerisches Gebilde, das sich gerade irgendwo zwischen und mit diesen ideellen und materiellen Manifestationen von der Abstraktheit des Begriffes selbst verabschiedet hat.

aus: Vorwort zu *Architectural*, 1994

Wenn ich an Fotografie denke, lasse ich Millionen Bilder aus. Unzählige Weisen Fotografie zu denken, zu tun, zu betrachten, zu verwerten oder gar unbewusst aufzunehmen, gönne ich mir, unbeachtet zu lassen, und schaue nur auf diese eigenwillige Gegenwart des fotografischen Bildes, das ich dem Körper nicht recht zuzuordnen weiß. Ist es im Kopf, in der Hand, im Auge, auf der Haut? Ist es berührbar, wirklich da?

Wenn ich Architektur durch Fotografie schaue oder Fotografie durch Architektur, kehren sich beide in einer fiktiven Zwischenzone aus Licht, Raum und Zeit zueinander und gewähren sich gegenseitig ein eigenes Leben.

An das gebaute Haus taste ich mich langsam heran, ebenso langsam wie an ein Bild. Irgendwo an einer belanglosen Ecke lasse ich mich nieder und vergesse alle Absichten und Ziele, falle in etwas wie einen halben Schlaf, aus dem ich mich mit der Vorstellung erhebe, das Thema dieses Gebäudes zu kennen, ohne es genauer betrachtet zu haben. Die Essenz liegt offen und ich gerate in einen friedlichen Wirbel, dessen Rhythmus aus einer Energiequelle stammt, die für die Architektur vor mir das gleiche bedeutet wie für das eigene Medium, in das ich mich gehüllt fühle. Das Gemeinsame ist das Licht, von dem die Fotografierende abhängt wie ein Insekt. Einmal in seinem Bann, ist diese Zone zwischen Architektur und Fotografie betreten, in der die Dimension der Form über die der Fakten herrscht. Im Licht kommen die Elemente des architektonischen Raumes auf mich zu, wenn ich ihnen, durch die Kamera beschwingt wie belastet, entgegentrete. Im Licht legt sich ihre Ordnung bloß, sanft oder erbarmungslos.

Das unmögliche Porträt 1999

Im Herbst zeigte ich auf der Frankfurter Buchmesse ein frisch gedrucktes Buch, um zu testen, wie es sich mit der Öffentlichkeit vertrüge. Ich hatte es als persönlichen Auftrag meines spirituellen Lehrers realisiert, nicht mit Blick auf die Welt. Er hatte dem Buch seinen Titel gegeben, *Face of the Essence*. Aber einen Seitenblick auf die Welt gab es doch, war es nicht ein Buch geworden, das auch in einem kommerziellen Verlag seinen Platz hätte?

Der Auftrag war ein Porträtband über den 1983 verstorbenen indischen Geisteslehrer Ram Chandra von Shajahanpur anlässlich seines hundertsten Geburtstags. Ich selbst hatte 1981 bei meiner ersten Begegnung nur ein einziges Foto von ihm gemacht, obwohl ich sechs Tage mit ihm verbrachte. Diese meine Unfähigkeit, ihn zu fotografieren, die mir wie eine allgemeine Unmöglichkeit erschien, sollte mein Leitfaden für dieses Buch werden.

Andere hatten diese Scheu nicht gekannt. So gab es unzählige Fotografien in Privatarchiven überall in der Welt, die ich per Post einsammelte, als Negative, als Positive, kleine Bildchen, meist verstaubt, zerkratzt und gefleckt, von 1925 bis 1982. Von den Negativen konnte ich in meiner Dunkelkammer Abzüge machen, aber die schwierige digitale Retusche meisterte meine Tochter Franziska, die Fotografin. Nach dem Druck wurde mir bewusst, dass ich einen Porträtband eines solchen Menschen noch nie gesehen hatte. Ich legte das Buch Besuchern vor, die ihn nicht kannten. Sie bestätigten, in der Summe der Porträts eine ihnen bisher unbekannte Dimension von Geistesgegenwart zu sehen.

Auf der Buchmesse konzentrierte ich mich auf zwei fotografische und zwei philosophisch-theologische Verlage. Die Antworten warfen ein Licht auf die mir so vertrauten Funktionsweisen kulturellen Lebens, und damit auch auf die mir ebenso vertraute Schwierigkeit, Mystik, Kunst und Philosophie zu verbinden. Einer der künstlerischen Verlage zeigte großes Interesse an dem Buch und hätte es sogar übernommen, unter einem Vorbehalt: Es müsste vorrangig meine persönliche Geschichte werden, die Geschichte der Fotografin, die nach Indien reist, und dort nicht fotografieren kann, weil sie von der anderen Wirklichkeit, der sie dort in einem einzigen Menschen begegnet, so überwältigt wird, dass der Vorgang des Fotografierens ihr fremd und vollkommen unangemessen erscheint. Es sollte sich an dem Phänomen der Fotografie aufhängen, wenn auch in deren Verneinung. Der nicht zu Fotografierende wäre in den Bildern seiner Schüler, die ihn als Nichtfotografen leichthändig abgebildet hatten, in den Anführungszeichen einer bildsprachlichen Betrachtung und im Rahmen eines subjektiven Erlebens letztlich wie aus einer kulturell verantwortbaren und verträglichen Entfernung aufgetaucht. Ein schöner Gedanke, der aber in dem damaligen Kontext meines Auftrags nicht zu verwirklichen war.

Außer unter das Vorwort wollte ich meinen Namen nicht in das Buch pflanzen. Die Lektoren der beiden philosophischen Verlage würdigten das Buch als zu ernst und anspruchsvoll. Der aktuelle Markt wisse mit solcher Tiefe indischer Spiritualität im Augenblick nichts anzufangen. Verkaufen ließen sich Bücher, die leichter zu verdauen seien, Esoterik, Lebenshilfe, Ratgeber. Man riet mir zu warten. Ich gab das Buch damals gerne zurück in die Mitte der Gemeinschaft, wofür es gedacht war. Soweit es um die Tätigkeit des Fotografierens ging, soll ein kleiner Auszug aus dem Vorwort des Buches die Situation beschreiben, aus der mein einzig mögliches Foto entstand.

aus: Vorwort zu *Face of the Essence*, 1999

> Es war im Jahr 1981, als ich zum ersten Mal vor Ram Chandra saß, der damals 81 Jahre alt war. Ich schaute ihn an, aber die soeben begonnene Betrachtung fand augenblicklich ihr Ende. Dieses menschliche Wesen schien ohne Eigenschaften zu sein. Meine große Kamera lag still auf meinem Schoß, weil auch die Wirklichkeit still vor mir lag. Von ihm kam kein Zeichen, das mir hätte helfen können, ihn auch nur in der grundlegendsten Kategorie irgendeiner mir vertrauten Ordnung wahrzunehmen. / Von seiner Umgebung jedoch wurden meine Augen in der gewohnten Weise angesprochen: das dämmrige Licht in seinem Raum, der von Arkaden gesäumt offen zum Hof lag, der alte Holzsessel, die verblichene Feierlichkeit und Einfachheit seiner Gegenstände, die von Alter und Staub imprägnierten Stoffe. Das silberne Morgenlicht durchdrang den Rauch der vielen kleinen Feuerstellen, wurde mittags scharf und klar und weich und golden am Abend. Das alles war fremd aber vertraut, und es berührte mich als schön. Also war es beschreibbar. Aber Ram Chandra selbst, zu dem hin ich eine lange Reise unternommen hatte, und der jetzt neben mir auf der Terrasse saß, er erschien mir weder fremd noch vertraut, nicht alt und nicht jung, weder als Mann noch als Frau, weder als Inder noch als Europäer, nicht braunhäutig und nicht weißhäutig, nicht einmal so anwesend oder so abwesend wie die Worte selbst es sagen möchten. War er nicht einfach nur das eine wie das andere und vor allem nicht berührt von solchen Unterscheidungen und von sich selbst, und ungebunden an den Ort und an den Moment der gemeinsam verbrachten Zeit? Ein Auslösen der Kamera im Bruchteil einer Sekunde wäre ein subjektiver Klick gewesen, der grausam in die Erfahrung ausgedehnter Zeit eingeschnitten hätte. Die Kamera lag ruhig und die Augen sahen und sahen nicht, Tage vergingen so. Sogar seine Schönheit, jene Qualität, die als einzige die Kluft zwischen Essenz und Antlitz überbrücken könnte, war nicht zu beschreiben, da sie, schneller als Schönheit das sonst vermag, Wahrnehmung schon in Erfahrung verwandelt hatte. / Am letzten Tag ereignete sich die einzig

mögliche Aufnahme. Der alte Mann, dessen Reichweite ich in den vergangenen Tagen in meinem Herzen fühlen gelernt hatte, stand in der Mitte seines Hofes. Er lehnte auf seinem Stock und gab klare Anweisungen an einige Arbeiter, die auf einer Leiter standen, die zum Dach führte, auf dem Ziegel erneuert werden mussten. Augenblicklich, sozusagen während des Auslösens, fühlte ich mich als Zeugin der Gleichzeitigkeit seiner Handlungen. In seinem Zeitraum gab es keine Unterscheidung zwischen hier und dort, jetzt oder später, jetzt oder früher, noch gab er einer praktischen Tätigkeit einen anderen Wert als einer spirituellen Handlung. Gleiche Aufmerksamkeit wurde jeder Aktivität geschenkt, jedem Detail, und vor allem jedem Bedürfnis auf jeglicher Ebene. Diese Fotografie hatte sich als eine visuelle Geschichte selbst ausgelöst, wie ein Äquivalent einer komplexen Realität, das einem poetischen Moment gehorchte. Als solches durfte sie Teil des Buches sein.

Der Birkenwald 2001

Ich freue mich an den Nachbarn und Freunden auf dem niederbayerischen Land. Der Hof, das ländliche Haus, das ‚Sacherl' – allen bedeutet ihr Landsitz selbst eine existenzielle Bedingung und ein Potenzial, den Bauern ebenso wie den Künstlern, Handwerkern und allen Zugereisten. Das Wissen darum bildet so etwas wie Treue, grundsätzliche Anerkennung und Dankbarkeit für Kunst, Musik und Theater, die hier entstehen und in geräumigen ländlichen Gebäuden gezeigt werden. Unser Hof bildet mit drei anderen von Künstlern bewohnten Anwesen ein Viereck, jeder ist zu Fuß gut zu erreichen. Aus dieser guten Lage zueinander entstand ein Projekt, genau diesen Weg zu einem Gegenstand und Anlass künstlerischer und poetisch-kulinarischer Installationen zu machen. *Kunstweg 2001.* An zwölf Stationen gab es etwas zu essen oder zu trinken, das in Reaktion auf die besondere Atmosphäre dieses Landschaftspunktes ausgesucht worden war, vielleicht ein lichter Wein und dunkles Brot an einem dämmrigen Waldbrunnen, ein Erdbeerberg zum Austritt auf eine Lichtung, hellgrüner Minzsirupsaft in einem Birkenhain. Lange Spaziergänge und gemeinsame Entwürfe waren vorausgegangen. Ebenso vielen weiteren Stationen waren künstlerische Eingriffe und musikalische Auftritte gewidmet, teilweise aufwendig, teilweise leise eingreifend. Die großen Pausen und Gelage fanden auf den vier Höfen statt, zwischen denen die einhundertfünfzig Menschen in der weichsten

Junisonne bedächtig über die Hügel zogen. Alle beteiligten Künstler waren Freunde von nah und fern. Mein Beitrag war eine literarisch-fotografische Installation im Minze-Birkenwald.

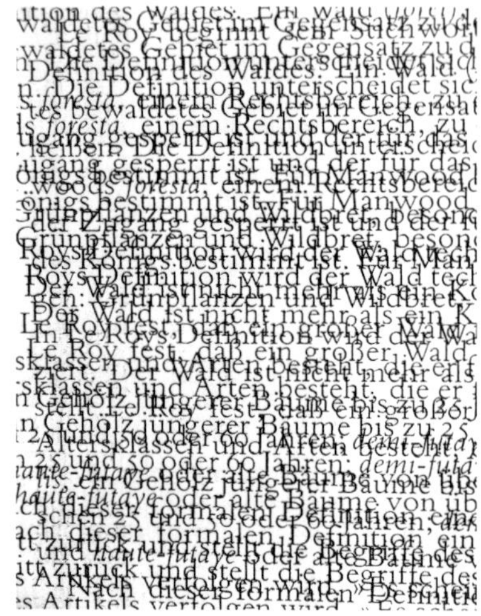

An jede zweite Birke hatte ich im Morgengrauen ein transparentes Blatt Zeichenpapier geheftet, auf das Auszüge aus einer Kulturgeschichte des Waldes von der Vorzeit bis heute gedruckt waren. Die Schrift auf dem Blatt war manchmal dreilagig, manchmal zu klein, manchmal zu groß, manchmal auf dem Kopf stehend oder kreuz und quer gedruckt, so dass die Bekanntmachung den Menschen schwer zu entziffern war und es sich eher ergab, dass nur die Bäume einander ihre eigene Geschichte zuraunten. Aber die menschliche Neugier zu lesen, was es zu wissen gab, oder zu wissen, was es zu lesen gab, war unübersehbar herausgefordert. Natürlich hatte ich vorgehabt, diesen literarischen Hain in Ruhe zu fotografieren, nachdem die Menschen weitergezogen waren, aber ein ungeheures schwefelgelbes Unwetter brach auf der dritten Hofstation über die Idylle ein, die sich damit erst als die besondere Ruhe vor dem Sturm enthüllte. So blieben nur wenige Fotografien, die in der Morgendämmerung beim Hängen fast ohne Licht entstanden waren, zehn Stunden später hingen die Schriftseiten wie nasse Lappen an den Birken.

Beijing Image 2003

Auf dem Hof besuchten uns drei chinesische Bauherren mit einem der vier Bürgermeister Pekings. Es entspricht chinesischer Tradition, erst freundschaftliche Beziehungen zu pflegen, bevor man in ein Geschäft miteinander kommt. Es ging um ein zweites großes Bauprojekt. Der Aufwand der Reise schien keine Rolle zu spielen. Der Bürgermeister zeigte sich auffallend interessiert an unserem ländlichen Leben und all seinen baulichen Strukturen, die er konzentriert und sichtlich geübt mit einer anspruchsvollen Kamera fotografierte. Sein Übersetzer erklärte, er sei sehr beeindruckt von der Ähnlichkeit eines traditionellen chinesischen Bauernhauses mit diesem niederbayrischen Anwesen. Der innere Hof, die vier Tore, Holzwerk und Ziegel, die Größe. Ob er meine fotografischen Bücher sehen könne. Auch diese betrachtete er in aller Ruhe und lud mich dann ein, ein Buch über Peking zu machen. Ich sagte ihm, dass mich diese Vorstellung überwältigte, dass es sicher viele solcher Bücher gäbe und ich für diese mich durchaus verlockende Arbeit viel mehr Zeit bräuchte, als ich mir nehmen könnte. Aber ich würde gerne in Peking eine Ausstellung darüber machen, wie ich Peking in sieben Tagen sähe. Ich sei gewohnt, gerade in der Kürze der mir jeweils für ein Projekt zur Verfügung stehenden Zeit eine besondere Herausforderung zu sehen, ja den ‚nebensächlichen Blick' geradezu zum Thema zu machen. Es war berührend, dass der chinesische Bürgermeister einer so gewaltigen Stadt das zu verstehen schien und seine Einladung umgehend auf dieses kleine Projekt umschwenkte, und noch mehr, dass er uns zum Abschied erklärte, er habe als Kind oft seine Großmutter auf dem Lande in ihrem ganz ähnlichen Hof besucht und sei dort sehr glücklich gewesen. Nach seiner Pensionierung würde er gerne als Landarbeiter zu uns kommen.

Meine erste Reise nach Peking anlässlich von Ottos großem Wohnprojekt *Der Drache* war am 12. September 2001, einen Tag nach den Angriffen auf die Twin Towers, geplant. Der Münchner Flughafen war in Aufregung und die Angst unverhohlen in allen Augen. Während der Startphase des Flugzeugs konnte sich wohl niemand der Vorstellungen erwehren, wie es am Vortag für jene entführten Passagiere gewesen sein musste. Erst als die Langstreckenflughöhe erreicht war, atmete man etwas durch. Mir kam vor, als ob der Pilot öfter und mit einer noch tieferen und ruhigeren Stimme als sonst auf die Stationen der Reiseroute hinwies, als wollte er sagen, seht ihr, es geht voran und weiter und immer weiter weg von eurem Schrecken. Aber als die Information kam, „Wir fliegen jetzt über Afghanistan", sah ich im Fenster Herden von Wolkenschafen. Sie zogen mit ihren zuverlässigen schwarzen Schatten über eine graue Fläche. Die unselige blutrote ‚Achse des Bösen', die die amerikanische Regierung in banal moralisierender Aggressivität seit gestern über den Erdball gespannt hatte, konnte ich nirgends ausmachen. Jetzt war ich ‚im Himmel über Afghanistan' und hatte doch vor kurzem weinend auf einem Strohhaufen im Stall gelegen. Als ich die Nachricht von dem Geschehen im Radio beim Ausmisten gehört hatte und auch von der sofortigen Reaktion des Präsidenten, war ich doppelt erschüttert, dass es geschehen war und dass man mit sturer, grober Cowboymanier die historische Gelegenheit verpasst hatte, sich zu besinnen und in alle Richtungen um Vergebung zu bitten. Heute, im Anblick der umfassenden Zerstörung des Vorderen Orients, bekennt ein amerikanischer Oberbefehlshaber des damaligen Einmarsches im Irak in der *Süddeutschen Zeitung*, dass diese militärische Invasion das Furchtbarste und Dümmste gewesen war, was der amerikanischen Regierung hatte einfallen können, und dass es nach seiner Einschätzung ohne diese heute keinen IS gäbe. Dieses Bekenntnis muss zu den beiden Fotografien des *Himmels über Afghanistan* gestellt werden.

Mit dem Bürgermeister verabredeten wir meine *Sieben Tage in Peking* für unsere nächste Reise im Herbst 2002 und im Jahr darauf fand die Ausstellung unter dem Namen *Beijing Image* statt. Ich wollte dem Bürgermeister ein Bild schenken zum Dank für sein Vertrauen. Er wählte eine sehr persönliche Fotografie, die ich durch das Fenster des Hotelzimmers früh morgens aufgenommen hatte. Es zeigte nichts

als einen großen zedernähnlichen Baum, durch dessen dunkles Nadelwerk ein altes chinesisches Ziegeldach nur angedeutet im Morgenlicht aufschimmerte. So wenig nennenswert das sein mochte, es verdichtete diesen Augenblick zu einem chinesischen mehr als zu irgend etwas anderem. Und doch hätte ich es allein für meinen deutschen Blick darauf gehalten, wenn nicht ein politischer Repräsentant der Stadt, dieser wundersame Bürgermeister, ausgerechnet diesen unter so vielen anderen gewählt hätte.

Auf meinen Wegen durch die Stadt hatte ich vier Kameras dabei, einen Camcorder, eine analoge Kompakt-, Spiegelreflex- und Mittelformatkamera, aber nicht als technische Ausrüstung, sondern als spielerische, sogar etwas übermütige Reaktion auf die begrenzte Zeit, vielleicht eher wie eine Jongleurin mit vier Bällen. Sodass, was immer mir entgegen kam, augenblicklich in die eine oder andere Sehweise hineinschlüpfen konnte, gleich gewichtig, aber so verschieden. Als Ergebnis gab es Einzelbilder, Serien, Sequenzen und Tableaus, in Farbe und in Schwarzweiß. Alle Schwarzweißbilder wurden gekauft, zum Glück nicht die farbigen, denn diese erwiesen sich auf die Dauer als nicht farbecht, da sie aus Filmstills als Teil einer abstrakt geometrischen Komposition aus farbigen Kartons bestanden, die ihre Farbe nicht einmal für die Dauer der Ausstellung hielten. Eine doppelte Antwort auf die besondere Farbigkeit Chinas.

Wie kurz ein Aufenthalt in einem fernen Land auch sein mag, ich fühle mich erst wirklich dort, mit den Füßen auf dem Boden stehend, wenn ich die Stadt verlassen und auf das Land hinausfahren darf, wo nichts mehr je so verschieden ist. Das hatte der chinesische Bürgermeister bei uns in Niederbayern empfunden und das empfand ich bei der einzigen Landpartie hin zur Chinesischen Mauer. Die Kräuter duften überall auf dieser Erde gleich, ob im indischen Himalaja oder im Umland Pekings oder in Südamerika. Nur in der arabischen Wüste füllen sich die Poren der Pflanzen statt mit Wasser mit öligen Essenzen, deren Duft ein ganzes Flugzeug erfüllen, wenn man nur eine Handvoll Kräutlein gut verpackt in der Tasche versteckt heimbringen will, wo sie nach zwanzig Jahren im Glas noch nichts von ihrem Parfüm verloren haben werden. Die Chinesische Mauer fotografierte ich am Rande, aber in nicht geringerer Konzentration, die mich dann besonders überfällt, wenn so ein Bild von einem Bauwerk, eines von den sieben Weltwundern sogar, sich plötzlich tatsächlich aus dem Abbilddschungel touristischer Hinführungen erhebt und vor mir liegt. Der Kopf mag dann diktieren, das ist nicht mehr zu fotografieren! – aber durch die Fensteröffnungen der massiven Stationstürme wird der Blick wie auf einem Umweg über den Blick auf alle je stattgefundenen Blicke auf dieses berühmteste aller Bauwerke gelenkt. Und es sei erlaubt!

Zum Anlass von Ottos Chinaprojekten, die er mit einem jungen chinesischen Architekten teilte, der einmal wie ein Sohn zwei Jahre mit uns in München gelebt und im Architekturbüro gearbeitet hatte, wurde eine Konferenz in Peking veranstaltet und für das Fernsehen aufgezeichnet. An einem langen U-förmigen Tisch waren Vertreter aus Kunst, Literatur und Architektur zusammen mit Journalisten und Politikern versammelt und diskutierten vor einem größeren Publikum über die Zukunft ihrer Stadt. Ich traute meinen Ohren nicht, wie freimütig und souverän über die schwierigsten Fragen gesprochen wurde, als gäbe es keine Angst vor Zensur und Repressalien. Kritik an politischen Fehlentwicklungen und städtebaulichen Maßnahmen, vor allem an der Zerstörung der gesamten Altstadt, wurde selbstverständlich laut und später auch im Fernsehschnitt nicht zensiert. Ein alter, allen bekannter Schriftsteller berichtete ungebremst und gefühlvoll von seiner Trauer, dass er jeden Morgen mit dem Gefühl aufwache, dass er seine Stadt heute noch weniger als gestern werde wiedererkennen können, dass von keinem Punkt der Stadt mehr der Horizont der umgebenden Berge dem Fußgänger sichtbar wäre, nicht nur wegen des Schmutznebels, der damals, vor 13 Jahren, noch nicht ganz so dicht und andauernd wie heute über der Stadt lag, sondern wegen des haltlosen Wachstums. In seinem Vortrag ermutigte Otto die Politiker, Architekten und Stadtplaner, den Maßstab des Bauens nicht im Möglichen, sondern im Menschlichen zu suchen, und stellte in Modellen vor, wie die bauliche Integration von Wohnen und Arbeiten Entflechtungen des Verkehrs bewirken und wie Qualität und Quantität des Wohnbedarfs zu vereinbaren sein könnten. Mit besonderem Engagement empfahl er ihnen, sich weniger äußerlich an den westlichen Vorbildern zu orientieren und stattdessen ihre eigene Baugeschichte fortzuschreiben. Das war eine Kritik an der internationalen postmodernen Vorliebe der wahllosen Designverknüpfung beliebiger Stilelemente aus unbefragtem Repertoire. Sein Unmut über die Schicht an Design, die sich unverhohlen kommerziell in jede persönliche Nische des neuen Standards einer rasant wachsenden Mittelschicht hineindrängt, war nicht zu überhören. Überhaupt schien uns, als habe sich der chinesische Kommunismus von einer anfänglich durchaus idealistischen Utopie, der selbst der junge Dalai Lama sich einmal kurzfristig als Parteimitglied zugesellt hatte, durch alle bekannten Auswüchse, Perversionen und Widersprüche hindurch nahtlos in einen allumfassenden Kommerzialismus umgewandelt.

Dennoch war ich überraschend gerne in diesem Land, dessen Energie und Vitalität auch mich sofort ansteckten, als gäbe es Berge zu versetzen.

28.02.2004 Nur wenige Monate später, im Februar 2004, kurz vor seinem 61. Geburtstag, am späten Nachmittag eines sehr kalten, sonnigen Schneetags, kam Otto von einem kleinen Langlaufski-Ausflug um das nordwestliche Feld nicht mehr zurück. Unser jüngster Sohn Leonard, der ihn begleitet hatte, kam allein, um mich zur Unfallstelle zu rufen, die nur 300 m vom Haus entfernt lag, am Rande des Weges, dort, wo er so oft stehengeblieben war, den Blick weit über die Lichtung gerichtet, mit einem immer neuen Ausruf des Erstaunens über ihre Schönheit. Eigentlich war es nur ein kleiner elektrischer Unfall des Herzens, sagte sein Arzt später, ein kurzes Herzversagen unter dem Einfluss ungewöhnlicher Kälte und ungewöhnlicher Dehnung des Körpers. Was es in Wirklichkeit war, kann ich im Zusammenhang dieses Buches nicht einmal andeuten. Ein letzter goldener Sonnenstrahl lag noch auf dem Schneewall, an dem er kauerte, und auf seinem Gesicht, das im Entsetzen über das Sterben erstarrt noch von so furchtbar lebendigem Ausdruck war, dass ich den Anblick als die tiefste Prägung meines Lebens betrachte. Im Bruchteil einer Sekunde, bevor mein Körper von dem Schock ergriffen wurde, gab es ein Wiedererkennen, etwas, das in mir sagte, da ist es, es ist die Antwort auf die Frage, die du schon immer gewagt hast an das Leben zu stellen.

Hätte ich ihn erst später gefunden, als er in der Stube aufgebahrt auf seinem schönen Gesicht nur den Frieden trug, als eine Karawane von Autos aus München ankam, das Haus sich füllte und jeder seinen Platz und seine Aufgabe fand, als gekocht wurde und miteinander gegessen und als die Lieben, die Freunde und die Mitarbeiter ihm dann in der darauffolgenden Nacht auf dem kerzengesäumten Weg unter klarstem Sternenhimmel das letzte Geleit bis zur Waldgrenze gaben, mir wäre etwas erspart geblieben, das ich doch missen müsste.

Stadt – Land – Haus 2004 Um über das Leben darüber hinaus zu erzählen zu können, will ich einen Höhepunkt unserer Zusammenarbeit beschreiben, der uns kurz vor seinem Tod geschenkt war. Die Vorbereitungen dazu hatten Monate davor begonnen.

Es war die Ausstellung seines Werkes in der Pinakothek der Moderne in München, die im November 2003 begann und bis in den März vier Wochen über seinen Tod hinaus verlängert wurde. Er hätte alle drei Räume des Architekturmuseums bespielen können, aber er sagte, ein Raum reicht mir. Dieser Raum aber wuchs so dicht, lebendig und komplex zusammen wie die Werkstatt seines Lebens, und ich verbrachte zwei Wochen nur allein damit, die unendliche und unterschiedlichste Menge an Bildern und Videos zu platzieren und zu hängen. Die Farbfotografien, die man richtige Architekturfotografie nennen darf, stammten von meiner Tochter

Franziska, die schon seit längerem als ausgebildete Fotografin für das Büro fotografierte. Die schwarzweiße Fotowand war meine und die Videos stammten von uns beiden. Auf Augenhöhe zog ein Fries aus Videoausdrucken, nicht größer als Polaroids, entlang der vier Wände, in denen die farbigen und persönlichsten Kernbilder aus den Filmen einen eigenen Erzählstrang bildeten. Die Wände selbst waren mit den starken Farben seiner Architektur gefärbt und Arbeitsmodelle in allen Größen standen auf verschiedenen Ebenen zwischen den Monitoren herum wie in einem Lager. Es gab kein Ausstellungsdesign, das eine nachträglich überhöhende Ordnung über sein Leben und Arbeiten gelegt hätte. Design war ihm fremd. Die Ordnung entstand als eine Installation der Atmosphäre seiner Arbeitsweise, seiner Art zu Wirken, unseres Lebens und Arbeitens, und da er nicht an ein Alterswerk glaubte, konnte man darin den Höhepunkt sehen, der es dann schicksalsmäßig auch werden sollte. Der Strom der Besucher war bewegend und am meisten freute mich, nicht nur ein Fachpublikum, sondern auch viele Familien mit Kindern zu sehen, die sich sonst nicht in Architekturausstellungen verirren.

Direkt im Anschluss wurde eine etwas kleinere Variante davon in der Aedes-Galerie in Berlin gezeigt. So schwer es war, gleich in die Öffentlichkeit zu treten, ich entschied mich, diese Unternehmung zu wagen, denn was konnte mich näher mit ihm verbinden, als die Dinge seines Lebens, und das war seine Arbeit, in die Hand zu nehmen und in neue Räume, an einen neuen Ort zu tragen. Die Kraft dazu konnte ich mir nur zutrauen, weil ich eine so zuverlässige und feinfühlige Mitarbeiterin seines Büros, Ulrike Fukas, an meiner Seite wusste.

Die Galerie befand sich mit ihren Gewölben unter den Schienen der S-Bahn am Savignyplatz, in dessen Nähe die verschiedenen Architekturhochschulen liegen. Obwohl die Ausstellung sichtlich noch im Aufbau war, schauten viele Architekten schon herein und redeten miteinander ungeniert über Ottos Tod, von dem sie gerade gehört haben mochten, wie unter vorgehaltener Hand. Ich versteckte mich wie unbeteiligt hinter meiner Arbeit, um nicht gefragt oder gar erkannt zu werden. Wie hart das war, wurde mir erst in der einzigen schönen Begegnung bewusst, als drei unauffällige Personen, eine Frau und zwei Männer, die Galerie betraten. Sie schauten sich um und wandten sich dann direkt an mich, die ich mit den Bilderrahmen, Hammer und Nägeln auf dem Boden hockte: Ist es wahr, dass Otto Steidle gestorben ist? Wissen Sie etwas Genaueres darüber? Ich sagte ja. Ich bin seine Frau. Da setzten sich alle drei zu mir auf den Boden und baten mich zu erzählen. Sie kamen aus Island und waren zu Besuch auf einer Konferenz, alle drei Professoren der Architektur. Ihre Anteilnahme war so schlicht und direkt, dass in unserem kleinen Kreis eine große Konzentration entstand, die mich trug, sodass ich erzählen konnte, wie vielleicht noch nie vorher. Heute noch, zwölf Jahre später, möchte ich mich vor ihnen verneigen und wünschte, ich hätte ihre Karte nicht verloren, um ihnen ein Zeichen des Lebens zu schicken.

Die Bewältigung von Ottos Nachlass nahm fünf Jahre ausschließlich und acht Jahre insgesamt in Anspruch. Ich war über Nacht und in vollem Einsatz Managerin geworden und musste alles, was dazu gehörte, neu lernen. Meine Kraftquellen waren meine vier Kinder, die spirituelle Praxis und eine bescheidene Spur künstlerischer Arbeit, die sich aber erst nicht fotografisch, sondern zeichnerisch entwickelte. Auch nach langen Tagen der Verwaltung hier und im Architekturbüro in München, in Steuer-, Anwalts- und Beratungskanzleien und oft nach nächtlich langer Zugheimfahrt lagen Papier und Bleistift bereit, den Tag wieder an das Leben zurückzubinden, indem eine Zeichnung entstand.

Ethnografisch gesehen ist die Witwe fast so interessant wie die Braut. Aber ich mochte ihren schwarzen alten Mantel nicht tragen. So oft er mir übergeworfen wurde, ließ ich ihn wie einen unwirklichen Traum abgleiten. Der Tod eines Menschen, der in der Öffentlichkeit steht, hinterlässt einen Krater wie nach einem Vulkanausbruch. Die Betroffenen suchen dann instinktiv nach etwas, das den Verlust kompensieren könnte, materiell oder emotional. Die Witwe steht noch auf heißem Boden, wenn die ersten Ansuchen schon an sie herangetragen werden. Es gibt keine Schonzeit. Ihre Aufgabe ist zu klären, zu ordnen und zu versöhnen, vor allem Vernunft walten zu lassen. Meine Berater, die des Rechts, die der Steuer und die des Unternehmens verzweifelten an mir und riefen mich eines Tages unabgesprochen fast gleichzeitig an, dass sie mein Mandat niederlegen müssten, da sie ihr Berufsethos nicht mit meiner Nachgiebigkeit vereinbaren könnten. Sie sagten, ich kämpfe nicht genug um mein Recht, ich ließe mich von allen Seiten über den Tisch ziehen und sei viel zu geduldig. Da saß ich auf dem Teppich neben meinem Schreibtisch und stellte mir angesichts dieses Spiegels, den die Berufswelt mir vorhielt und in dem ich mich als ein dummes, geduldiges Schaf abgebildet sah, notwendig existenzielle Fragen: Was ist Recht? Wozu habe ich ein Recht und worin habe ich recht? Ist meine Geduld Schwäche oder Stärke? Was ist das eigentliche Ziel, die angemessene Zeit, und was unterscheidet mich von den Zielen der Berater wirklich und nachhaltig? Irgendwie gelang es mir, die Herren davon zu überzeugen, mein Mandat doch weiterzutragen, allerdings verknüpft mit der Bitte, ihren Ehrgeiz für mich tiefer zu stecken und mir zu vertrauen, dass ich vielleicht ein geduldiges, aber kein ganz dummes Schaf sei. Im Jahre 2012 unterschrieb ich den letzten Vertrag, der noch mit der Verwaltung des Lebens meines Mannes zu tun hatte. So lange währte das Nachbeben.

Fotografisch wurde ich erst wieder lebendig, als ich 2008 meinen Bruder in San Francisco besuchte und mit seiner Digitalkamera durch die Straßen zog. Ausgerechnet mit diesem bisher gemiedenen Gerät kam die Freude des Sehens zurück, was mich erst anregte und dann verunsicherte, als wäre ich in eine Falle geraten. An dieser Stelle könnte ich hundert digitale Fotografien zeigen, die ich zwischen 2008 bis 2011 meist auf Reisen aufnahm. Die Bilder sind betrachtenswert, aber sie wollen mir nie so wichtig werden wie die Fotografien, zu denen ein Negativ gehört. Es war mir schon in den Portfolios und Websites befreundeter Fotografen aufgefallen, dass anstelle einer Qualität, die durch die digitale Machart selbst hätte dazukommen können oder von ihr unterstützt würde, etwas weggegangen schien, als wäre nur ein einzelnes fotografisches Auge beteiligt gewesen, und auch nicht mehr der ganze Körper mit der gesamten, so viel besungenen Erinnerung. Es ist ein Paradox, dass das digitale Foto einerseits bis in letzte Pixel veränderbar ist und dennoch so augenblicklich und vollständig existiert, dass dahinter nichts mehr zu erwarten und zu entdecken ist, selbst und gerade wenn es bis zur Perfektion bearbeitet wurde. Wird der Raum, den Licht und Zeit unter die schimmernde Oberfläche der alten Fotografie schichteten, bald ganz vergessen sein? Die ganz andere Bildfläche des digitalen Bildes zwängt sich auf wie eine andere Erkenntnisweise. Es wäre schön, wenn die Freiheit bliebe, diese wie etwas offensichtlich anderes als das alte fotografische Verfahren zu unterscheiden, zu schätzen und pointiert einzusetzen. Und nicht einen Kompromiss zu schließen, nur weil das alte wirklich zu teuer geworden sein könnte. In der professionellen Fotografie ist das längst unumgänglich geworden.

ORDURES INTERDITES

Yitzhak RABIN
Haroun TAZIEFF
Auguste LUMIERE
Abbé PIERRE
Sarah BERNARDT
Jean-Paul SARTRE
Jules VERNE
Mao ZEDONG
Graham BELL
Dalaï LAMA
PELE
OSCAR ROMERO
John LENNON
Dr NGUYEN DAN QUE
Wangari MAATHAI
Le CORBUSIER
Antoine St EXUPERY
Guillaume APOLLINAIRE
John R TOLKIEN
Alfred HITCHCOCK
Frere ROGER
Louis AMSTRONG
LAWRENCE D'ARABIE
Ho Chi MINH
Shimon PEREZ
Hubert REEVES
Albert JACQUARD
Jean PAUL II
LEON TOLSTOÏ
ILS ONT MARQUE LE VINGTIEME SIECLE... A LEUR SUITE,
DECOUVRONS, ULTIVONS ET CONJUGUONS NOS TALENTS.
AVENUE
DE LA SOLIDARI

Autobahn 2009

Auf einer Autofahrt von Salzburg nach Villach entstand eine Bildserie, die wesentlich der digitalen Bildtechnik zu verdanken ist. Das streiche ich heraus, weil mich auf dieser besonderen Fahrt Gedanken an die Technik als Menschheitsschicksal beschäftigt hatten und weil ich im Fahren die Landschaft fotografieren wollte, die diese Gedanken ausgelöst hatte. Die fotografische Technik musste gleichzeitig mit Bewegung und mit wenig Licht jonglieren, das erschien mir digital leichter.

Wenig Licht und kaum eine Farbe, nur eine Ahnung von Braun da, wo der alte Schnee nicht lag, an den Südhängen des Tauerntales, durch das die Autobahn führt. Die Natur war im Schwarz, Weiß, Grau und im Nebel versunken, Regen stand in der Luft, der Himmel lag schwer auf den Hügeln und verdeckte die Berge. Auf der Straße war ich fast allein. Es war so still, dass ich mir kein Radio erlaubte. Ich horchte nur auf meine eigene Bewegung, mein müheloses Vorankommen, die Reibung der Räder. Wie zum ersten Mal wurde ich mir meiner nicht selbstverständlichen Geborgenheit im Schutz meines technischen Gehäuses bewusst. Draußen über die Hügeln und Berge sah ich mich gleichzeitig durch die nasse Kälte schleppen, ein Bündel über der Schulter und einen langen Stab in der Hand. Ich fühlte mich gegen einen ungeheuren Widerstand der Natur angehen, ungeborgen und existenziell allein. Das war zeitlich fast so nah wie eine eigene Erinnerung. Die doppelte Wahrnehmung ließ sich nicht abschütteln, ich war die Autofahrerin, und ich war die, die da oben ihren mühseligen Aufstieg nahm. Es war gleichzeitig warm und kalt, trocken und nass, innen geschützt und außen dem Wetter und Weg ausgesetzt, schnell und langsam, Schritt für Schritt, jetzt und vor hunderten von Jahren. Mein Fahrtweg durch das Gebirge war von Leitplanken gesäumt, die sogar ihre gelbliche Farbe in den sonst grauen Fotografien durchsetzten.

Die Empfindung war geteilt in Dankbarkeit und Verlust. Auch das Auto schien mir nur gerade noch den Schutz zu schenken, dem die Dankbarkeit galt, und das Draußen schien zu sagen, warte, es ist noch nicht so lange her und kann je wieder sein. Ich fotografierte im Fahren, langsam, obwohl auch sonst weiterhin kaum andere Autos auf der Strecke erschienen. Die Fotografien sind zart und filigran, was die Landschaft betrifft, das Technische taucht farblich auf, als Strommaste, Leitungen oder Leitplanken, wie hineingezeichnet und ausgedacht.

Ähnliches erlebte ich auf einer größeren Reise, auf der die digitale Technik mir auch, wie auf der Autobahn, ermöglichte, jedenfalls erleichterte, durch ein bewegtes Fenster einem alten Bild nachzuhängen.

Mondwasser
2011

Im Frühsommer lud mein Bruder mich auf eine Reise durch die indonesischen Meere, die Seven Seas, auf einem alten Segelschiff ein. Er ist als CEO einer amerikanischen NGO unterwegs, die Ozeane zu verstehen und zu retten. Als ich fragte, was mein Job an Bord wäre, ich dachte natürlich an meine nützliche Kamera, antwortete er herausfordernd „to frivolously enjoy". Ein Bild kam mir allerdings sofort in den Sinn, ein archetypisches Bild, der Blick durch das Bullauge auf die Meeresfläche mit ihrem Horizont. Ein einziges Bullaugenfenster gab es dann tatsächlich an Bord. Es befand sich in meiner Kajüte. Der Blick durch das Bullauge auf den Meereshorizont ist ein alter Blick, der geübt wird, seit es die Technik der gehobenen Seefahrt jenseits des Einbaums gibt. Er umfasst als Bild das Sehen selbst, von der Linse durch das Auge durch den Sehtunnel, und das Gesehene. Licht, Zeit und unendlicher Raum bis zum Horizont. Dazwischen keinerlei Konvention der Zentralperspektive oder anderer Konstruktionen, die auf dem Land entwickelt wurden, um die Illusion des Raumes im Bild, also den Zugang zur erzählten Wirklichkeit sichtbar zu machen.

Es gibt eigene kunstgeschichtliche Entwicklungen des Blickes auf das Meer, des Blickes von der Küste und des Blickes vom Schiff aus, in der Malerei, in der Fotografie und in der Erzählung. Es ist und war ein unbedingt und notgedrungen romantischer Blick. Einer, der nach innen gleichzeitig wie nach außen geht, ein Blick auf eine Wasserfläche, für die die Engländer das Wort ‚seascape' besitzen im Gegensatz zu ‚landscape', und für die man sich seit dem deutschen Idealismus vielleicht auf die Vorstellung von einer Seelenlandschaft geeinigt hat. Kein menschliches Abenteuer hat mich in meiner Jugend mehr berührt als das des persönlichen Ringens mit dem Meer im *Schimmelreiter* von Theodor Storm oder in all den Meeresgeschichten von Joseph Conrad, doch vielleicht auch in Saint-Exupérys Heldengeschichte seiner frühesten Luftfahrt: *Wind, Sand und Sterne*. Wind und Sturm gehören zum Himmel und zum Meer, sie sind Treibstoff der Segel und gleichzeitig Grund für den Untergang.

Von meiner Kabine durch das Bullauge gesehen war ich eine halbe Taucherin, sah das vom Schiff geteilte Wasser und ständig neue Bilder, die das Licht und die Wellen miteinander in den Kreis malten und löschten und neu malten. Sie feierten den Horizont oder verstellten ihn gebirgsartig. Ich hatte mich auf diese Bilder gefreut, als wären sie schon mein und müsste ich sie nur nachvollziehen, nachempfinden, nacherfinden. Ich erlaubte mir diese romantische Sicht, weil sie mir als Vorbild schon selbstverständlich bedacht und in sich gebrochen erschienen war.

Der eigentliche Grund der Reise stand im Zusammenhang mit der Rettung der Korallenriffe in den Seven Seas der hinteren indonesischen Inselkette. Aus der Ferne und aus der Theorie hatte ich mich dagegen gewehrt, diese größte aller

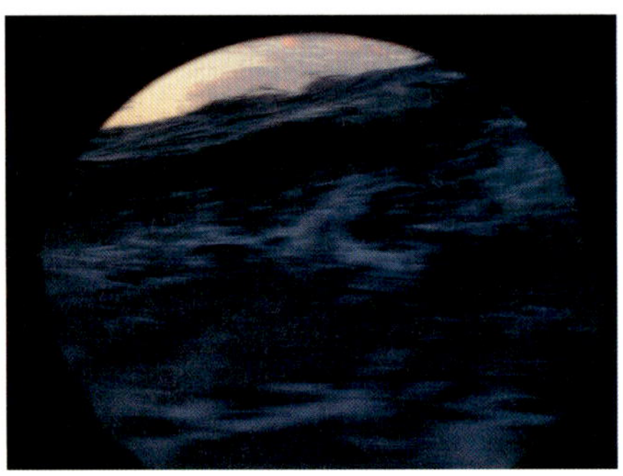

Welten, die Unterwasserwelt, zu betrachten, als stünde es mir nicht zu. Auch hatte ich eine ästhetische Scheu vor einem vielleicht kitschigen Disneyland mit Gnomen und Fabelwesen und psychedelischen Farbspielen. Und vielleicht sollte diese Unterwelt lieber nicht in den Kreislauf von Beobachter und Beobachtetem geraten, vielleicht bliebe sie lieber unsere geheimnisvolle Reserve, ein dunkler flüssiger Speicher, in dem sich das Leben übt, zeugt und tötet. Vielleicht sollte sie vor unserer Neugier beschützt bleiben, lieber unter sich.

Aber die meisten an Bord waren ja hier und tauchten hinein, weil der achtunggebietende Kreislauf längst gestört ist, das Verborgene längst entborgen, weil das Fischereiwesen durch die Technik, die zur Verfügung steht, das Maß längst verloren hat, und die Piraten unter den Fischern aus falschverstandener Not anstatt mit geduldiger Angel mit rasendem Dynamit ausräubern, bis nur noch ein weißes Schlachtfeld von kleinen Knöchelchen übrig bleibt. Ab und zu verirrt sich ein Fischlein in die weiße Zone und erbleicht augenblicklich in automatischer Camouflage.

Während die anderen also tauchten, konnte ich in größter Ruhe Licht, Wasser, Farben, Himmel, Horizont, das Schiff selbst fotografieren. Die schönen Fotografien zeigen nichts von den Zerstörungen, die der Meereswelt allgemein und konkret in Indonesien widerfahren sind. Bedrohte Korallenriffe, bedrohter Fischbestand, Verschmutzung, Übersäuerung, Plastikmüll, Walfischfänger, Dynamit Bomber – nur als Schnorchlerin konnte ich die ausgebleichten Reste der Riffe sehen. Durch die Arbeit meines Bruders war all das schon längst auch Teil meines Bewusstseins geworden, aber es wurde nicht Teil der Bilder. Das eigentlich Negative, um das es den Meeresökologen an Bord ging und wovon sie nach den täglichen Tauchgängen genauso berichteten wie von den skurrilen Geschöpfen, denen sie in größter Tiefe begegnet waren, die Zerstörung von innen blieb unsichtbar. Es ist kein Geheimnis, dass die Fotografie und das inspirierte Auge nicht direkt auf das Nicht-mehr-Vorhandensein reagieren, sondern durch die Fülle auf der Oberfläche des Bildes hindurch nur mit zusätzlichen bildsprachlichen Mitteln den Mangel suggerieren können.

Wie stelle ich nun dieses bessere Wissen, das der Bedrohung, zu den schönen Bildern? Die alte, alte Frage. Zuerst einmal stelle ich Abstand her und betrachte den schwarzen Kreis des Fensterauges nicht als runden Rahmen, sondern als die dunkelräumliche Umgebung des lichten Innenkreises, und schon schau ich auf den Mond an seinem Nachthimmel. Das Wasser ist sein Wasser, lebloses Wasser, der Mond ist aus Wasser. Arbeitstitel Mondwasser. So bin ich wirklich weitgereist.

In der Siemens Kraftwerksunion hatte ich dieses fotografisch-ästhetische Dilemma anders gelöst, vielleicht ausweichend, indem ich ein anderes weniger verfängliches Medium wählte. Das banale Polaroid, die Farbe und die komplementierende Zeichnung als zusätzlich erzählende Schicht. Inzwischen ist die Frage an die Kernkraft, angereichert durch weitere Unfälle einerseits, aktualisiert durch die Sorge um den Klimaschutz als oberster Priorität andererseits, noch komplexer geworden, und ich würde vielleicht schöne analoge Schwarzweißfotografien von dieser ambivalenten Fabrik geradezu befürworten, um auf diese Komplexität zu verweisen, mit welchen Mitteln dann auch immer. Auf wissenschaftlichem, literarischem oder filmischem Wege wäre die akute Meeresproblematik darstellbar, die stille, von außen betrachtende Fotografie aber sieht das Meer wie eh und je als den ewigen menschlichen Blick darauf, der sich nur durch die Technik der digitalen Aufzeichnung einer gewissen Epoche zuordnen lässt.

Manchmal entdecke ich eine überraschende Affinität zwischen der digitalen Fotografie und ihrem Bildgegenstand. Zum Beispiel erscheinen mir die Elemente Wasser, Luft und Feuer und auch das Element Holz digital fotogener als die abstrakten Qualitäten von Licht, Raum und Zeit.

Im Herbst 2009 fotografierte ich die Baumscheiben von fünfunddreißig gewaltigen Buchen, die an unserem Zuweg aufgehäuft lagen, teils vom Sturm, teils unter dem Druck des Nachbarn gefällt. Täglich hatte ich sie betrachtet und versucht, ihre Lebensgeschichte in den Jahresringen zu lesen. Immer wieder verbot ich mir sie zu fotografieren, weil es mir vorkam, als würde ich damit nur ein schon vorhandenes Bild kopieren. Die ungewöhnliche Menge der gewaltigen gefällten Bäume bewegte mich dann doch, jede Baumscheibe mit der digitalen Kamera frontal zu ‚porträtieren'. Von den Bilddateien machte ich einen Pigmentdruck auf einem Archival Rag Papier und rahmte die Drucke ohne Glas und Passepartout für eine kleine Ausstellung. Jeder Besucher streckte den Zeigefinger aus, um die Oberfläche zu berühren und den verwirrenden Eindruck des Auges mit dem Tastsinn zu bestätigen. Das Bild der Schnittfläche der Buche, der Jahresringe und Sägespuren war wirklicher als das Holzmaterial selbst geworden. „Bitte nicht berühren!" musste ich schließlich dazu schreiben. Die digitale Bildfläche und das Holzrelief waren zum Verwechseln ähnlich in ihrer Materialität und Flächigkeit. Da der Eindruck dieser Qualität im Buchdruck verloren gingen, sind die Bilder hier als Schwarzweißfotografien abgebildet.

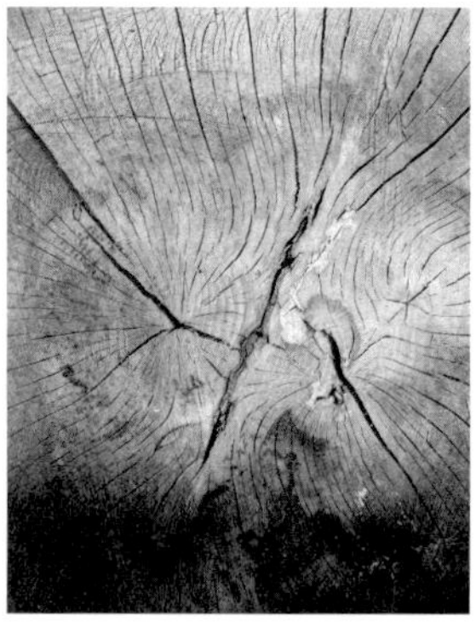
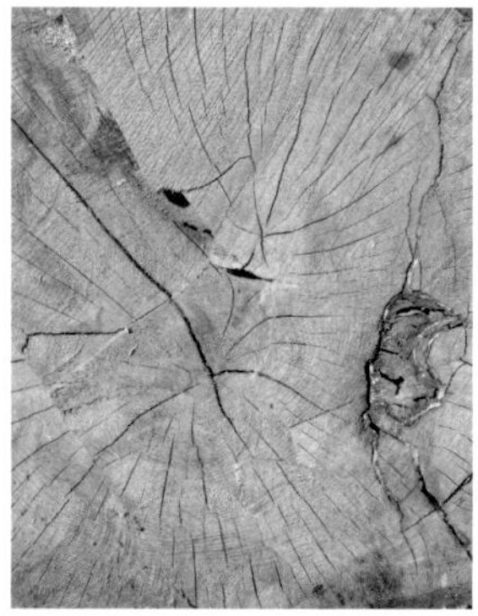

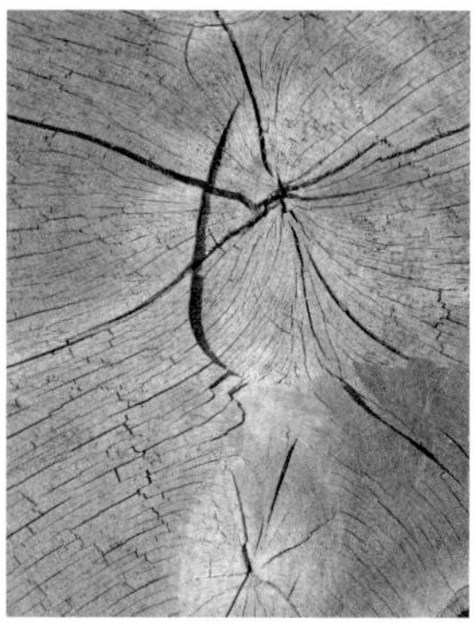
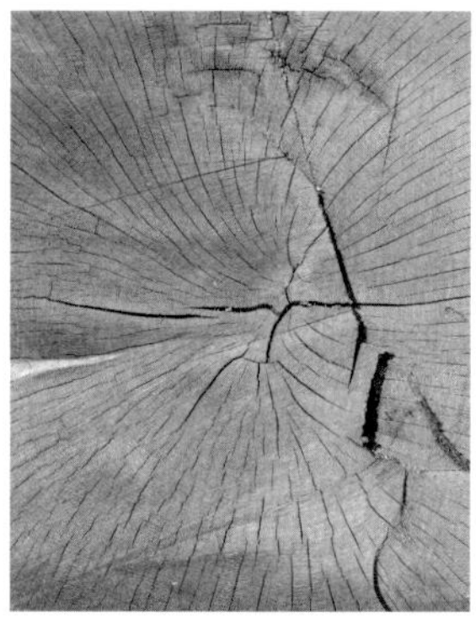

Sturmwald 1991/2009 Die Stürme, die in einer gewissen Regelmäßigkeit das Leben hier auf den Kopf stellen, haben mich zu verschiedenen Zeiten mit der Kamera in Atem gehalten. In der Nacht vom 27. Mai, 2009 kam wie angekündigt einer der Art Stürme, die eines Namens würdig gewesen wären, wie zwei Jahre zuvor „Kyrill". Aber dieser blieb namenlos, obwohl er mir furchtbarer erschien. Ich hatte gerade noch alle Tore verriegelt und Fenster verschlossen, die Pferde in den Stall und Hund und Kater ins Haus geholt.

Als ich am nächsten Mittag mit meiner Kamera den Wald aufsuchte, wurde daraus eine ungewöhnliche fotografische Begegnung. Ich fühlte mich den Bäumen nah und gleich, ebenso gebeutelt und aufgewühlt, und gleichzeitig ebenso still wie sie mir erschienen. Wir hatten Ähnliches erlebt.

Dieser Sturm hatte mir in der Nacht ein sechs Quadratmeter großes Loch in das Dach hoch über meinem Kopf gerissen, das ich allein im Speicher auf der Leiter im Dunkeln mit Leisten und Folien versuchte notdürftig zu schließen. Aber der Regen ließ sich nicht aussperren. Ohne Strom und ohne Handynetz konnte ich nicht um Hilfe rufen. Ich hörte Sirenen und Motorsägen im Wald und aus den Speicherfenstern sah ich die Scheinwerfer der Feuerwehrmänner, die die Bäume sägten, um sie vom Weg zu schaffen. Wie immer war der Sturm von Westen gekommen. Sein Gebrüll war furchterregend, der Himmel gelb-schwarz, das Haus ächzte. Der Regen peitschte flach und sogar die Obstbaumgipfel berührten den Boden. Ich war in einem Zustand höchsten Alarms und gleichzeitig in größter Ruhe und beobachtete den inneren Zustand genauso erstaunt wie den äußeren. Das ganze dunkle Haus mit seinen drei Stockwerken und acht Zimmern lag allein in meiner Hut, und ich konnte nur Vergebliches tun, Batterien von Eimern ausleeren und von Fenster zu Fenster kreisen, treppauf, treppab und auf die drei gewaltigen, weit über haushohen, aber altersschwachen Weiden starren, die dem Haus genau in Sturmrichtung zu nahe stehen. Gäben sie nach, würden sie die ganze Nordflanke des Hauses zerstören. Ich dachte, indem man starrt, kann man bannen. Die vierte Weide fünf Meter weiter brach tatsächlich und stürzte in den Teich.

Die Männer im Wald hatten mich wohl doch am Dach hämmern gehört und kamen dann noch zu siebt um Mitternacht in den Hof gefahren, kaum zu erkennen hinter ihren blendenden Stirnlampen. Eine orangerote Garde, die nachbarschaftliche freiwillige Feuerwehr und ihre Söhne. Der sonst dunkel schlummernde Speicher wurde durchkreuzt von ihren dünnen Scheinwerferstrahlen, während sie von innen das große Loch neu eindeckten und dabei pfiffen und scherzten. Was ich in den Stunden vorher erlebt hatte, was mir ihre Hilfe bedeutete und wie glühend und nachhaltend dankbar ich ihnen war, konnten sie nicht ermessen. Ich war Gegenstand eines richtigen Feuerwehreinsatzes geworden, eingeschätzt als hilfsbedürftig, und ich genoss diese Hilfe wie einen alles andere als selbstverständlichen Luxus, vielleicht wie den eigentlichen und wirklichen Luxus überhaupt. Als ich meinen Nachbarn, den Feuerwehrhauptmann fragte „und wie geht es dir, was sagt dein Dach?“ antwortete er, „das weiß ich noch nicht. Ich komm als Letzter dran!“ Ich kann mich kaum erinnern jemals so erschöpft ins Bett gefallen zu sein wie in dieser Nacht.

Am Morgen regnete es noch immer. Der Hof und alle Wiesen im Kreis waren mit einem Teppich von Ästen und Dachziegeln bedeckt. Der Zustand des Waldes war schon vom Haus her sichtbar. Ich kenne ihn so gut, diese hohe dichte Wand, die die Felder im Kreis umgibt und die Silhouette, die die Baumgipfel auf der Höhe im Gegenlicht zeichnen. Ich wartete, bis mittags die Sonne kam, und der Tag sich genauso arglos still über die zugerichtete Natur legte wie der Vortag ahnungslos normal gewesen war. Die Unterbrechung durch den Sturm hatte nur eine halbe Nacht gedauert. Die Luft, die Vögel und das Licht schienen zu flüstern ‚es ist doch nichts geschehen‘, aber alle Dinge zeigten, dass etwas geschehen war. Von den riesigen Weiden waren nur Skelette geblieben, die Birken gebeugt und verdreht, die Obstbäume gebeutelt und ausgedünnt, kein Dach unversehrt. Aber nichts seufzte, niemand klagte. Ich fühlte mich eher andächtig als zupackend und verschob das große Aufräumen auf den nächsten Tag. Stattdessen kreiste ich um den Hof, immer näher zum Wald. Sein Anblick ließ mich zurücklaufen, um die Kamera zu holen.

Man muss sich vorstellen, wie sich ein Wald, ein Mischwald im Mai fühlt. Alles, das wächst, wendet sich neu dem Licht zu. Entsprechend ordnen sich alle Blätter mit der silbernen Unterseite zur braunen Lauberde und der Oberseite zum Himmel. So schichtet sich alles nach einem einzigen Gesetz übereinander und zueinander. Wenn ein Sturm im Winter in den blattlosen Wald fährt, ist nur die Geometrie des Waldes gestört und verkehrt, die lineare, statische Ordnung der Stämme und Äste. Die Stämme liegen plötzlich waagerecht und die Wurzelballen als riesige Waldbodenteller senkrecht, dazwischen verkreuzt die Äste.

Schon 1991 hatte ich einen solchen Sturmwald fotografiert, als ich mich gerade an das Leben auf dem Land gewöhnte und, so scheint mir heute, noch einen gewissen städtischen und das heißt auch romantischen Blick von außen auf den Wald richtete.

Wenn ein Sturm jedoch im Mai die Stämme zerstört und umwirft, kehren unzählige junge hellgrüne Buchenblätter ihr Gesicht von der Sonne ab und finden sich dem Schatten zugewandt und gegen die anderen gerichtet. Buchenholz gilt als fest und belastbar, aber jetzt waren die Stämme der Länge nach gespalten, in der Mitte gesplittert, in den Kronen gesplissen, in sich selbst verdreht, wo sie doch gerade in ihrem Saft standen. Gerade eine Woche zuvor hatten die Besitzer des Nachbarwaldes den Harvester, diesen Holzfällerroboter ins Holz geschickt, um Geld zu verdienen. Ein Harvester muss Tag und Nacht arbeiten und eine bestimmte Festmeterzahl Beute stapeln, um rentabel zu sein. Wie ein Traumtänzer schwingt er die Stämme um sich. So sah dieser Wald nebenan schon verwüstet aus, bevor der Sturm ihn traf, und er lud ihn regelrecht ein, seine gierige Zunge ungehindert hinein und hindurch über den Weg in unseren Wald zu strecken und diesen in einer Schneise West-Ost zu verspeisen. Jetzt stehen nur noch ein paar vereinzelte ganze Fichten und Buchen und viele Stümpfe. Was ein Wald ist, bedeutet soviel mehr als die Summe seiner Bäume. Stehen sich die Stämme gebührend nah, umarmen sie sich mit ihrer Lebenskraft, bilden sie zusammen einen Körper, der dem Sturm entgegensteht. Auch der Profitgedanke kann wie ein Sturm in den Wald fahren und es dem nächsten richtigen Sturm noch leichter machen, die geschwächten Stämme zu knicken. Jeder Sturm hat eine Persönlichkeit, eine Eigenart, mir kommt sogar vor, als hätte er eine Gestalt, darum gibt man den Denkwürdigen unter ihnen wohl einen Namen.

Indem ich begann zu fotografieren, trat ich den Verletzten immer näher. Sie zeigten mir ihre frischen Wunden, deren Farben lebendigem Fleisch und Blut glichen und deren Formen Zeichen richtiger Verstümmelungen waren. Manchmal weinten wir miteinander. Am nächsten Tag kam ich zurück. Das versehrte Holz hatte sich schon ein wenig eingepasst, als hätte sich das Leben schon aus den Wunden zurückgezogen. Ich fotografierte daraufhin die größeren Szenen der gestörten Ordnung, von der unaufdringlich die Blätter erzählten, bis nach einigen Tagen auch diese verstummten, vertrockneten und graubraun in den verschonten grünen Laubmassen hingen und nur noch von etwas unbestimmt Vergangenem berichteten.

Bald kamen die Fachleute, der Förster, die Holzfäller. Der gewaltige Verhau der übereinander liegenden Stämme konnte nur mit dem Harvester bewältigt werden. Darüber waren sich alle einig, und so hatte ich dieses Monster in meinem Wald und damit Schneisen und Folgeschäden – eine neue Ordnung. Es sah schlimmer aus als nach dem Sturm, aber anders, hässlich, achtlos und verlassen. Das konnte ich nicht mehr fotografieren. Es muss aufgeräumt werden und mir fehlen die Helfer, das zu tun. Das Unterholz, die vielen Buchenkinder können sich nur schwer entfalten unter all dem Astabfall, der zurückgelassen wurde. Im nächsten Frühling werden wir sehen, was wieder wachsen will. – Und wie sie gewachsen sind!

Als ich noch in der Stadt lebte, dachte ich an eine unveränderliche Größe, wenn ich an den Wald meiner Kindheit dachte. Als wäre er nie geworden, sondern vor den Menschen schon genauso dagestanden. Wie recht ich damit hatte, wusste ich nicht, denn der Wald war vor der menschlichen Zivilisation und nimmt als Ursprung und Anfang seinen Platz in den ältesten Mythologien ein. In prähistorischen Zeiten war überall Wald und der Mensch musste gegen ihn angehen, ihm den Platz nehmen, den Raum für sich roden, Lichtungen schlagen, sobald er Behausungen wollte, die ihm den Blick nach oben freigaben. Ab dann wurde der Wald empfindlicher Teil der Kultur und damit verlor sich die Erinnerung an ihn als eine unveränderliche Gegebenheit. Er wurde vom Menschen geschaffen, gestaltet, gefürchtet, geliebt, verändert, verbraucht und zerstört. Im Mittelmeerraum wurde er fast vollständig ausgelöscht. Auch dachte ich als Kind, ein Wald sei immer ein deutscher Wald, alle Wälder in allen Ländern müssten so ausschauen und alle Menschen fänden darin Zuflucht, Zeitlosigkeit, Ruhe, Zauber und tiefe Empfindungen. Dass es immer auch die Ruhe nach dem Sturm ist und dass Wälder viele Gesichter haben und unterschiedlich zu den Menschen stehen, dass die Romantik eine wirklich nur deutsche Wahrnehmungsweise, Haltung und Geschichte ist und wie tief ich davon geprägt war, und dass auch der deutsche Wald stirbt und wird, das kann ein Kind nicht wissen.

Jetzt begleite ich den Förster, der bunte Zeichen an die Stämme sprüht, nachdem wir entscheiden: „der bleibt“ – „der geht“, beobachte Käferspuren und Baumkronen und lerne aus eigener Beobachtung und von dem professionellen Optimismus des Fachmanns. Auf diesen Wegen habe ich neuerdings auch eine Kamera dabei.

Die Lichtung Erst ist man eine junge Fotografin, dann eine gute, dann eine alte. Wenn ich heute die Kamera nehme, die alte lautstarke Hasselblad und den alten Belichtungsmesser mit ein paar Filmen aus dem Kühl-Gemüsefach, tanzen Hund und Katze um mich herum, als sei ein fotografischer Spaziergang etwas besonders Vielversprechendes, und ich wäge ab, ob ich sie nicht doch einsperren sollte, denn sie posieren besonders gerne und schön genau dort, wohin es meine Kamera aus anderen Gründen zieht. Aber sie betören mich. Eigentlich ist alles sehr einfach geworden, so einfach, dass ich mich über all den vergangenen 45-jährigen Aufwand des Denkens und Tuns, des Schreibens und Klärens wundern dürfte. Mein Interesse zu fotografieren versammelt sich jetzt vor allem auf diese Lichtung. Neben kleineren Projekten oder Architektur-Aufträgen gibt es nur noch zwei Arten von Aufhängern zu fotografieren, einen lauten und einen leisen.

Der laute hat mit einem Ereignis zu tun und mit meinem Interesse daran. Solch ein Anlass ist hier draußen entweder ein Naturereignis selbst wie jener Sturm, oder ein Maschineneinsatz im Zusammenhang mit der Beseitigung seiner Folgen oder mit der alltäglichen Arbeit in Feld, Wiese und Wald. Unausweichlich werden die Maschinen immer größer, und gegen die Folgen dieser Größe und Schwere ist noch keine Maschine erfunden worden. „Die Natur hilft sich schon selbst", sagt man hier. Das stimmt in begrenztem Sinn. Gehe ich ohne Kamera los, beobachte ich die Buchen wuchern, nachdem die Fichten gestürzt sind, die Expansion der dornigen Brombeeren, suche nach Anzeichen für Käferbefall, entdecke viele neue fingerhohe Tannensprösslinge, die gegen die Rehe keine Chance haben werden und habe es noch nicht geschafft, jeden einzelnen Spross mit einem Büschel Schafwolle zu impfen. Dem Wald bleibt immer weniger Zeit zu werden, wie er selber will. Seinem Boden fehlt Ruhe und Kraft, sich wie noch vor dreißig Jahren mit Teppichen aus Waldbeeren und Farn zu bedecken. Er wird bewirtschaftet wie die Felder und findet nur selten sogar unter den Förstern eine echte Lobby, da sie im Dienst stehen und glauben, es allen recht machen zu müssen. In den letzten Jahren wird der Wald regelrecht beerntet, größere Mauern als je, aus Stämmen geordnet nach Verwendung, begleiten die Fahrwege. Bei dem eigenen Wald bin ich besonders betroffen, wenn ich Fehler mache, es tut weh, genauso wie bei den Fehlern der anderen, die den Boden mit Harvestern verwüsten. Was ich hier erlebe an Komplexität und Abhängigkeiten, stimmt mit den Gesetzen der Welt überein. Ich fotografiere es, das Laute, aus Verantwortung, aus ökologischem Interesse und manchmal Resignation, doch auch aus Faszination, wenn die Monster im Wald surrealer erscheinen als die Maschinenwesen in Science-Fiction-Filmen.

Der leise Anlass zu fotografieren ist der, der es immer war: das Licht, das das Wirkliche erzeugt. Ich breche auf mit dem Bedürfnis zu erfahren, was jetzt gerade los ist. Das Bedürfnis zu erfahren, was los ist, hat wenig damit zu tun, was geschieht. Nichts ist los, es ist ein stiller früher Morgen, aber ich sah von meinem kleinen Balkon unter dem Dach, dass alles glitzerte und die Vögel in heller Freude waren. Wenn ich nicht gehe, sieht niemand all diese Schönheit, die dauernd still vor sich hin geschieht, mit dem Licht kommt und vergeht, und wenn sie ungesehen bleibt, ist die Frage, ob sie wirklich war, das alte Lied. Es ist soviel los, wenn ich mit der Kamera komme, das Nichtigste, das Irrelevante, das Leiseste erscheint bekränzt und gekrönt, die Zwischenräume ziehen sich in tiefen Schatten zurück und der Klang der Helligkeit verstreut sich im Bild wie komponierte Noten. Manchmal gehe ich auch nach einem Regen los, wenn die Töne der Farben wie gerade erfunden erscheinen. Manchmal komme ich ohne ein Bild zurück, dann war wirklich nichts los, kein Licht, oder in mir keine Resonanz.

Die Bilder von der Lichtung bilden ein stilles Kontinuum von Augenblicken der letzten fünfundzwanzig Jahre, ein wartender Speicher von Negativen, Abzügen und einigen digitalen Bilddateien, die Momente bezeugen, in denen ich der land- und forstwirtschaftlichen Arbeit, den Ereignissen und Wirkungen der Unwetter und der Schönheit der Lichtung fotografisch entsprechen konnte. Es gibt darüber hinaus Tage im Jahr, die unter der Abwesenheit von dem, was man Wetter nennt, wie unter einem hohen Bogen zu stehen scheinen. Vielleicht sind es nur zwei, je einer im Frühling und im Herbst. Es gibt keinen Wind, der den Augenblick vor sich hertreibt und seine Anteile trennt, keine drohende Ankündigung, die den Blick anspannt und zum Horizont lenkt, keine Kälte, die Abgrenzung fordert, keine Hitze, die den Schatten artikuliert als das, dem der Vorzug zu geben ist. Diese langen Tage unter dem hohen Bogen haben einen Ton, in den jeder und alles einstimmt, unabhängig davon, wovon das Leben gerade belastet zu sein scheint.

Nachwort Was mich ursprünglich zu diesem Buch bewegt hat, war die Freude, den jungen Fotografen meine alte Geschichte zu erzählen. Jetzt, am Ende, meine ich, sie schon längst über alle Berge und an der Arbeit zu wissen, und ich gestehe mir ein, dass ich dann wohl doch schrieb um des Schreibens willen und dass während des Schreibens auch mein persönliches Leben nicht aufhörte sich zu ereignen und mir im Einzelnen, als Bild oder als Text, die Frage zu stellen, ob es gerade noch dazu gehört zu diesem sich beschreibenden fotografischen Leben. Zum Beispiel das Bild meiner Mutter.

Das Bild meiner Mutter, das mein Großvater von ihr aufgenommen hatte, bevor ich geboren wurde, gehört zu den ersten Bildern im ersten Kapitel. Ein Bild von ihr soll auch das letzte sein. Ich hatte sie Anfang 2015 im Alter von 93 Jahren schwerkrank auf den Hof geholt, damit sie in der Mitte aller Kinder und Enkel und Tiere sterben konnte. Tatsächlich kehrte ihre Geistesgegenwart am schönsten zurück, wenn die Jugend sie umgab, und der Hund seine Pfoten auf ihr Bett legte. Als wäre ihre große Erwartung an das Leben noch nicht erfüllt, so kämpfte sie mit der ihr eigenen Leidenschaft bis zum letzten Augenblick gegen das Ende an. Ihre Art zu sterben übertraf alles, was ich von dieser so geheimnisvollen Phase des menschlichen Lebens vorher erfahren hatte. Die alte Atheistin hat sich den Heiligen Abend zur Geburt und den Ostermontag zum Sterben gewählt. Wir umgaben sie, bis wir sicher waren, dass der Raum leer war. Früh am nächsten Morgen betrat ich das Zimmer, um die Anwesenheit ihres Körpers auf dem Totenbett zu fotografieren. Ich hätte nie gedacht, dass ich ein solches Bild machen könnte. Die Erfahrung ihrer eigentlichen Abwesenheit und der leidenschaftliche Abschied, der hinter uns lag, schenkten mir die Ruhe, die Kamera in diesen Raum zu tragen. Ohne die entstandene Fotografie hätte ich nicht über den Tod meiner Mutter erzählt, als letzte Fotografie schließt sie den Kreis der Erzählung, denn in dem ersten, in dem sie lesend unter der Lampe sitzt, ist sie schon schwanger. So komme ich heute zu dem Schluss, dass nur meine Fotografien mich autorisierten, über das Leben zu schreiben, weil jede einzelne von ihnen es über die Brücke geschafft hat, die das Persönliche mit dem Allgemeinen verbindet, das Private mit dem Öffentlichem. Und genau auf diesem Weg erkannte sich der eigene Blick als verbunden mit den Blicken der anderen Fotografen, die ich liebte. Die Bilder der anderen sind aus meinen Bildern nicht weg zu denken. Ich habe mich allerdings niemals darum bemüht, meine persönliche Geschichte mit der offiziellen in Deckung zu bringen und fotohistorisch korrekt zu berichten. Zumindest einige meiner Zeitgenossen, selbst aus der Ferne, mögen Parallelen entdecken, Ähnlichkeiten und Entsprechungen.

Bildverzeichnis

164–167 *Gagarins Sturz am Tag der Wende,* Sequenz, Moskau, Baryt Print, 1989
173 *Altar,* aus der Serie *Barock in Neapel,* Baryt Print, 1984
174 *Madonna,* aus der Serie *Barock in Neapel,* Baryt Print, 1984
175 *Karosserie,* aus der Serie *Barock in Neapel,* Baryt Print, 1984
176 *Vanitas,* aus der Serie *Barock in Neapel,* Baryt Print, 1984
177 *Mädchen,* aus der Serie *Barock in Neapel,* Baryt Print, 1984
179 *Die Säule,* aus der Serie *Glyptothek,* München, Baryt Print, 1986
180 *Orpheus,* aus der Serie *Glyptothek,* München, Baryt Print, 1986
181 *Götter,* aus der Serie *Glyptothek,* München, Baryt Print, 1986
183 *Pan,* aus der Serie *Glyptothek,* München, Baryt Print, 1986
185 *Aphrodite,* aus der Serie *Glyptothek,* München, Baryt Print, 1986
187 *Tagebuchskizze der Hopi-Felsenzeichnung,* gezeichnet von dem Hopi-Sprecher Thomas Banjacya, Demo New York, 1982
188 Ausschnitt *Tableau 1, Felszeichnung, Siemensprojekt,* auf DIN A4 vergrößertes Polaroid, 1989
189 *Tableau 2,* Siemens in Köln, auf DIN A4 vergrößerte Polaroids, 1989
190–191 Einzelpolaroid aus *Tableau 2,* Siemens in Köln, 1989
193 *Biosphäre II,* Innenansicht, Arizona, Baryt Print, 1991
196–197 *Salzburg,* Detail aus Tableau, Baryt Print, 50 × 50 cm, 1993
198 *Entwurf für den Schafstall,* Toskana, Baryt Print, 1983
200 *Fenstergold,* Toskana, Cibachrome, 1985
204 *Misthaufen,* Niederbayern, Baryt Print, 2011
205 *Schafe,* Niederbayern, Baryt Print, 1992
206 *Dunkle Wäsche,* Niederbayern, Baryt Print, 2011
207 *Fenchel vor Silber,* Niederbayern, Baryt Print, 1993
208 *Fritzi und Assis,* Niederbayern, Baryt Print, 2000
209 *Teresa,* Niederbayern, Baryt Print, 1991
210 *Leonard,* Niederbayern, Baryt Print, 1991
211 *Fritzi,* Niederbayern, Baryt Print, 1996
213 Filmstill, aus *Landzeit,* 1998
214 *Die Ecke,* Niederbayern, Baryt Print, 1994
215 *Das Tor,* Niederbayern, Baryt Print, 1994
219 *Ram Chandra,* Shajahanpur, Baryt Print, 1981
220–221 *Birkenwald,* Niederbayern, Installation, 2001
222 *Die Kulturgeschichte des Waldes,* Detail, Installation, 2001
224–225 *Himmel über Afghanistan,* Baryt Print, 12.09.2001,
227 *Chinesisches Fenster,* aus der Serie *Beijing Image,* Baryt Print, 2003
228–229 *Chinesische Mauer,* aus der Serie *Beijing Image,* Baryt Print, 2003
230–231 *Der Entwurf,* aus der Serie *Beijing Image,* Baryt Print, 2003
233 *Konfuzius Stehlen,* aus der Serie *Beijing Image,* Baryt Print, 2003

238 *Die Eule,* aus der Serie *Reisebilder*, San Francisco, Pigment Print, 2008
239 *Frauen am Strand,* aus der Serie *Reisebilder*, San Francisco, Pigment Print, 2008
240–245 *o.T.,* aus der Serie *Reisebilder*, Dakar, Pigment Print, 2011
247 *Tableau Tauernbahn,* Pigment Print, 2009
249 *Mondwasser,* The Seven Seas, Pigment Print, 2011
250–251 *Tableau Mondwasser,* The Seven Seas, Pigment Print, 2011
254 *Tableau Baumscheiben,* aus der Serie *Sturmwald*, Niederbayern, Pigment Print, 2009
257–259 *Geometrie,* aus der Serie *Sturmwald*, Niederbayern, Baryt Print, 1991
260 *Mai,* aus der Serie *Sturmwald*, Niederbayern, Pigment Print, 2009
262–265 *Baumwunden,* aus der Serie *Sturmwald*, Niederbayern, Pigment Print, 2009
267 *Altar,* aus der Serie *Sturmwald*, Niederbayern, C-Print, 2009
268 *Tableau Waldarbeit,* Niederbayern, Baryt Print, 2014
269 *Weiße Katze auf Rückewagen* aus der Serie *Waldarbeit*, Niederbayern, Baryt Print, 2014
270–271 *Waldarbeit,* Niederbayern, Pigment Print, 2014
272 *Rückewagen,* Niederbayern, C-Print, 2013
273 *Bach,* Niederbayern, C-Print, 2013
275 *Wind im Gras,* Niederbayern, Baryt Print, 2013
277 *Weide unter Weiden,* Niederbayern, Baryt Print, 2013
278 *Nebelfeld,* Niederbayern, Baryt Print, 2011
279 *Wiese / Feld,* Niederbayern, Baryt Print, 2014
280 *Baumdraht,* Niederbayern, Baryt Print, 2014
281 *Wäschestück,* Niederbayern, Niederbayern, Baryt Print, 2011
282 *Balkon mit Stuhl,* Niederbayern, C-Print, 2010
283 *Balkon mit Giebel,* Niederbayern, C-Print, 2010
284 *Waldlicht,* Niederbayern, C-Print, 2014
285 *Waldblumen,* Niederbayern, C-Print, 2014
286 *Birkenpaar im Sommer,* aus der Serie *Birke*, Niederbayern, C-Print, 2013
287 *Birkenpaar im Herbst,* aus der Serie *Birke*, Niederbayern, C-Print, 2013
288 *Das Totenbett,* Niederbayern, Pigment Print, 2015

Impressum

FOTOHOF*edition* 2016

Band 231, 1. Auflage

ISBN 978-3-902993-31-1

Konzeption

Verena von Gagern-Steidle, Kirchdorf am Inn

Bucharchitektur \ Kathrin Schmuck, Kiel

Gestaltung & Herstellung

Bucharchitektur \ Kathrin Schmuck, Kiel

Lithografie

Uwe Suthmann, D8 Digital Lab, München

Lektorat

Claudia Mazanek, Wien

Druck & Bindung

GRASL FairPrint, Bad Vöslau

Schrift: DTL Elzevir von Dutch Type Library

Papier: 135g/m² Garda Pat Kiara

FOTOHOF

Inge-Morath-Platz 1–3, 5020 Salzburg

www.fotohof.at